Johannes Reunecker

Der Fremde am Ufer

AF189645

BOOKS on DEMAND

Johannes Reunecker

Der Fremde am Ufer

Gedanken zu überlieferten Geschichten

*Bibliografische Information der Deutschen National-
bibliothek:
Die Deutsche Nationalbibliothek verzeichnet diese
Publikation in der Deutschen Nationalbibliografie;
detaillierte bibliografische Daten sind im Internet
über http://dnb.dnb.de abrufbar.*

© 2017 Johannes Reunecker

*Herstellung und Verlag:
BoD – Books on Demand, Norderstedt*

ISBN: 978-3-7448-3976-1

Inhaltsverzeichnis

Der Fremde am Ufer

Eine Gruppe enttäuschter Männer sitzt am Ufer des Sees. Keiner spricht, alle starren in das sich seicht bewegende Wasser. Hin und wieder kreischt ein Vogel auf – Stille – absolute Stille – nur das Gurgeln des sich im Sande verlierenden Wassers ist in dem periodischen Auf und Ab des Meeresstromes kaum wahrnehmbar zu hören.

Was bewegt diese Männer? Was machen sie hier am Rande des großen Binnenmeeres?

– Stille – Es ist später Nachmittag. Die sengende Sonne verliert an Kraft. Die Intensität der stechend heißen Strahlen lässt nach. Es wird erträglicher am Ufer. Ein kleiner Windzug wird bemerkbar. Ein Vogel flattert auf.

Plötzlich regt sich einer der Männer. – Nach langem Schweigen sagt er: ich geh' fischen. Verdutzt schauen die anderen zu ihm auf. Fischen? Ja, ich geh' jetzt fischen, wiederholt er mürrisch. Die von dieser Idee überrumpelten Männer blicken einander an, nicken und murmeln teilnahmslos vor sich hin: wir gehen mit.

Seitlich, etwa hundert Meter von ihnen entfernt, schaukelt im Wasser ein altes Fischerboot hin und her. Peter, der Initiator, der selbst Fischer ist, hat längst die Hosen hochgekrempelt und stapft im Wasser in Richtung des Schiffes davon; eine Schar von sieben, acht Männern folgt ihm.

Die am Ufer zu beobachtende Lethargie unter den Männern scheint auf dem Boot einer routinierten Beschäftigung zu weichen. Es geht rund an Bord. Vorbereitung für den nächtlichen Fischfang. Doch nicht alle sind so geschickt wie Peter. Jene scheinen das Fischereihandwerk nicht zu beherrschen und bedürfen wiederholter Instruktionen des Fachmannes. Doch dann ist es so weit, es geht hinaus, auf hoher See. Seemanns Heil!

Es wird eine harte, enttäuschende Nacht. Trotz bester Bedingungen, unter Einsatz seemännischer Erfahrungen, die ausgeworfenen Netze bleiben leer. Kein Fisch verfängt sich im Netzwerk linksseitig des Fischerbootes. Das ist dem erfahrenen Fischer Peter selten passiert, ohne Fang heimkehren zu müssen.

Der Horizont beginnt sich aufzuhellen, die Gemütsverfassung der Männer im Boot hingegen verfinstert sich zusehends. Diametral zum Naturschauspiel des sich langsam erhellenden Tages verändert sich ihre Laune erneut in dem Zustand des pessimistischen Daseins vor dem Aufbruch in See. Sie hatten erhofft, durch Aufnahme von Arbeit wieder Sinn in ihrem Leben erlangen zu können, wie einst. Doch das Scheitern ihrer Arbeit versetzt sie zurück in tiefer Nacht, in den Zustand der Sinnlosigkeit menschlicher Existenz. Die Männer fahren zurück in die Nacht ihres Lebens, gleichzeitig mit ihrem Boot hinein in die Morgenröte eines anbrechenden neuen, hellen Tages. Trostlos rudern sie heimwärts.

Aus der Ferne sehen die Männer im Boot, einen Mann am Rande des Sees stehen. Sie ankern und erkennen: es ist ein Fremder, ein Fremder am Ufer. Sie befestigen das Schiff und steigen aus. Die Gruppe will zu ihrem Lagerplatz gehen, doch der ihnen fremde Mann spricht sie an: Habt ihr nichts zu essen? Die von der harten Nacht müden und hungrigen sowie von ihrem Misserfolg enttäuschten Männer wissen nicht, ob sie lachen oder weinen sollen. Peter, der Fischer, stöhnt grimmig als sein Magen laut knurrt. Habt ihr nichts zu essen? Dass ich nicht lache! Aber, irgendwie instinktiv, sagen alle: Nein, nein, wir haben nichts zu essen. Die Gruppe der Männer steht wie verdattert am Ufer des Binnenmeeres diesem Fremden gegenüber und es scheint, als ob die Schar der Enttäuschten mit dem ‚Nein‘ all‘ ihren Frust von der Seele schreien wollte. Völlig ruhig und gelassen sagt der Fremde zu Ihnen: Werfet das Netz rechtseitig des Schiffes aus, dann werdet ihr erfolgreich sein.

Was für ein Besserwisser, dieser Fremde, hat doch keine Ahnung von den Künsten des Fischfanges. Zum erfolgreichen Fischfang werden traditionsgemäß die Netze linkseitig des Schiffes ausgelassen, in der Nacht und nicht am Tage. In den Köpfen der erfahrenen Fischer kreisen diese und andere Gedanken.

Die Männer sehen sich einander an und erahnen die Gedanken des jeweils anderen: *diese Überzeugtheit in den Worten des Fremden, seine Autorität.* Die Ausstrahlung des Fremden überwältigt sie, sie kehren um, klettern in ihr Schiff und fahren los. Entgegen ihrer Gewohnheit und Erfahrung werfen sie das Netz zur rechten Seite des Schiffes aus. - Und sie fangen!

Innerlich aufgewühlt, kehren sie zurück an Land. Im seichten Wasser der Ufernähe lässt sich das mit so vielen Fischen gefüllte Netz kaum mehr ziehen ohne Gefahr zu reißen.

Hannes, einer der Männer auf dem Schiff, der neben Peter, dem Fischer, steht, sagt zu diesem: hör mal, der Fremde am Ufer, ist unser Meister! Nee, meinst du es wirklich? Ja, bestätigt Hannes: äußerlich, von Gestalt ist er nicht so erkennbar, aber schau doch sein ganzes Verhalten an, seinen Ratschlag und der ungewöhnliche Fischfang, wie damals, seine Gesten, so typisch - es ist der Meister! Kaum hat der gefühlsbetonte, emotional handelnde Peter die Aussage verinnerlicht, springt er spontan über Bord ins Wasser und schwimmt ans Ufer, um als erster bei seinem Mentor zu sein. Unterdessen zieht die gesamte Bootsmannschaft den Beutefang unter großer Anstrengung an Land.

Der Fremde am Ufer lächelt, als er Peter wild um sich schlagend, den Wellen des Meeres trotzend, ans Ufer schwimmen sieht. Am Ufer lodert bereits ein Lagerfeuer; auf heißen Steinen liegen gebratene Fische und gebackenes Brot, das der Fremd-Vertraute zwischenzeitlich zubereitet hat. Er wendet sich der Männergruppe zu und ermuntert sie: Bringt her von den Fischen, die ihr gefangen habt!

Der vertraute Fremde beziehungsweise fremde Vertraute breitet seine Arme aus und lädt die Gruppe der irritiert-frustrierten Männer, mit aufkeimendem Hoffnungsschimmer in ihrem Gemüt, zum Essen ein - zum Essen, das er für sie zubereitet hat.

Gedanken –
Der Fremde am Ufer

Die Protagonisten dieser Geschichte sind die enttäuschten Männer, die sich an ihrer vertrauten Stelle des Sees versammeln (Es ist der See der Fischer, es ist ihr See. Hier ist ihr Arbeitsplatz.) sowie der Fremde am Ufer dieses Sees, der sich für die Gruppe der Männer als ein fremder Vertrauter offenbart.

Zum Verständnis der Geschichte ist zu fragen:
Was bewegt diese Männer? Was sind die Gründe ihres Enttäuscht-Seins?
Was machen sie hier am Rande des großen Binnenmeeres?
Was veranlasst den Fremden am Ufer, die Gruppe der enttäuschten Männer zu kontaktieren?

Die Geschichte *Der Fremde am Ufer* ist nachempfunden einer überlieferten Erzählung aus der Zeitenwende der Menschheitsgeschichte:

Der Auferstandene am See von Tiberias
1 Danach offenbarte sich Jesus abermals den Jüngern am See von Tiberias. Er offenbarte sich aber so:
2 Es waren beieinander Simon Petrus und Thomas, der Zwilling genannt wird, und Nathanael aus Kana in

Galiläa und die Söhne des Zebedäus und zwei andere seiner Jünger.

3 Spricht Simon Petrus zu ihnen: Ich gehe fischen. Sie sprechen zu ihm: Wir kommen mit dir. Sie gingen hinaus und stiegen in das Boot, und in dieser Nacht fingen sie nichts.

4 Als es aber schon Morgen war, stand Jesus am Ufer, aber die Jünger wussten nicht, dass es Jesus war.

5 Spricht Jesus zu ihnen: Kinder, habt ihr nichts zu essen? Sie antworteten ihm: Nein.

6 Er aber sprach zu ihnen: Werft das Netz aus zur Rechten des Bootes, so werdet ihr finden. Da warfen sie es aus und konnten's nicht mehr ziehen wegen der Menge der Fische.

7 Da spricht der Jünger, den Jesus lieb hatte, zu Petrus: Es ist der Herr! Als Simon Petrus hörte: »Es ist der Herr«, da gürtete er sich das Obergewand um, denn er war nackt, und warf sich in den See.

8 Die andern Jünger aber kamen mit dem Boot, denn sie waren nicht fern vom Land, nur etwa zweihundert Ellen, und zogen das Netz mit den Fischen.

9 Als sie nun an Land stiegen, sahen sie ein Kohlenfeuer am Boden und Fisch darauf und Brot.

10 Spricht Jesus zu ihnen: Bringt von den Fischen, die ihr jetzt gefangen habt!

11 Simon Petrus stieg herauf und zog das Netz an Land, voll großer Fische, hundertdreiundfünfzig. Und obwohl es so viele waren, zerriss doch das Netz nicht.

12 Spricht Jesus zu ihnen: Kommt und haltet das Mahl! Niemand aber unter den Jüngern wagte, ihn zu

fragen: Wer bist du? Denn sie wussten: Es ist der Herr.

13 Da kommt Jesus und nimmt das Brot und gibt's ihnen, desgleichen auch den Fisch.

14 Das ist nun das dritte Mal, dass sich Jesus den Jüngern offenbarte, nachdem er von den Toten auferstanden war.

Johannes 21, 2-14 www.die-bibel.de

Die Originalgeschichte lässt erkennen, dass die Protagonisten (Gruppe enttäuschter Männer) und der Fremde am Ufer bekannt und miteinander vertraut waren: Jesus offenbart sich seinen Jüngern.[1] Der Fremde am Ufer ist Jesus, die enttäuschten Männer sind die Jünger Jesu. Die eigenartige Begegnungs-Situation ist die, dass die Männer ihren Meister an seinem äußeren Erscheinungsbild (Phänotypus) nicht erkennen. Der dem Meister nahestehende Schüler erkennt seinen Lehrmeister an seinem Sprachausdruck [-duktus]: *Kinder, habt ihr nichts zu essen?*[2], an seinen Gesten sowie an seinen erfolgreichen wie erfolgsgewohnten Handlungsanweisungen: *werfet das Netz zur Rechten des Schiffs, so werdet ihr finden*[3].

---

1 Johannes 21,14
2 Johannes 21,5
3 Johannes 21,6

14

Die Ausgangsfragen: *Was bewegt diese Män-ner? Was sind die Gründe ihres Enttäuscht-Seins? Was machen sie am Rande des großen Binnenmeeres? Was veranlasst den Fremden am Ufer, die Gruppe der enttäuschten Männer zu kontaktieren?* werden aufgelöst, sobald das Verhältnis der Protagonisten zueinander geklärt und ihr (scheinbares) Zerwürfnis aufgeklärt sind.

Jesus ist ein jüdischer Gelehrter (Rabbi)[4], der mit einer Gefolgschaft (Jünger, Schüler, inte-ressierte Nachfolger) seine Botschaft über das Reich Gottes, in Worten und Taten, verkündet. Dabei zieht er mit seinem Gefolge von Ort zu Ort.

---

4 *Jesus* ist die latinisierte Form des altgriechisch flektier-ten Ἰησοῦς mit dem Genitiv „Ἰησοῦ/Jesu". Es übersetzt die aramäische Kurzform *Jeschua* (oder *Jeschu*) des hebräi-schen männlichen Vornamens Jehoschua. Dieser setzt sich aus der Kurzform *Jeho-* des Gottesnamens JHWH und einer Form des hebräischen Verbs *jascha* („helfen, retten") zu-sammen. Demgemäß deuten Mt 1,21 und Apg 4,12 den Namen als Aussage: „Gott ist die Rettung" oder „der Herr hilft"
Rabbi bedeutet Lehrer, Meister; er legt die Vorschriften der Thora aus.

Die enttäuschten Männer in der Geschichte sind Jünger des Wanderpredigers. Interessanterweise lernen sie ihren Meister an dieser Stelle des Sees, an der sie sich gerade aufhalten, vor einigen Jahren kennen.[5] Eine parallele Begebenheit: Fischer bei ihrer Arbeit – der Rabbi erteilt eine Handlungsanweisung zu fischen – die Fischer kommen zurück mit von Fischen überfüllten Netzen – der Meister bittet die Fischer ihn zu begleiten. Seit diesem Zeitpunkt kennen sich die Protagonisten.

Dann der tragische Zwischenfall: Ihr Meister, mit dem sie ihr Leben und seine Gesinnung teilten, wird gefangen genommen und hingerichtet. Diese Situation führt die gestandenen Männer in eine tiefe Depression. Enttäuscht und resigniert ziehen sie sich zurück und zwar an den Ort, der ihnen bekannt und vertraut ist, an ihren ehemaligen Arbeitsplatz, dort am Ufer des großen Sees.

Und hier, an ihrem Lagerplatz, treffen sie den wieder, der hingerichtet wurde, ihren Meister, als einen fremden Vertrauten.[6] Der Meister

---

5 Lukas 5,1-11
6 Johannes 21,14

16

offenbart sich seinen vertrauten Schülern. Er ist ein anderer als er einst war (deshalb erkennen sie ihn nicht) und ist doch derselbe Vertraute, der zu ihnen kommt, das Brot nimmt und es ihnen gibt, desgleichen auch die Fische[7] und sie erkennen ihn.[8] Deshalb bekennt die Kirche im Hochgebet der Eucharistiefeier: Geheimnis des Glaubens. Deinen Tod, o Herr, verkünden wir, und deine Auferstehung preisen wir, bis du kommst in Herrlichkeit. [Anhang I]

Der Herr und Meister kommt zu einem Zeitpunkt und in eine Situation hinein, die für die Männer am See, seine ehemaligen Schüler, hoffnungslos ist. Diese sind enttäuscht und deprimiert darüber, dass es vorbei ist: der Meister ist hingerichtet, er ist tot, vorbei ist die schöne Zeit mit ihm. Die hoffnungsvollen Erwartungen für eine bessere Zukunft sind erloschen.

In diese für die Männer hoffnungslose Situation kommt der Meister, erscheint ihnen als ein Fremder und doch Vertrauter, lädt sie zum Essen ein - er versorgt sie - und schenkt ihnen eine neue Perspektive für ihr Leben.

---

7 Johannes 21,13
8 Johannes 21,15-17

Die Frage stellt sich, warum die Männer am See den Fremden am Ufer, der ihnen so vertraut ist, den Gastgeber am Lagerfeuer, nicht fragen, wer er ist.

Nach dem Essen wendet sich der Herr, wie die Jünger ihren Meister auch nennen, vertrauensvoll an Peter, den Fischer in der Geschichte - den Petrus des Originaltextes - und beauftragt ihn zum Bischof seiner Gefolgschaft.[9]
Die Jünger werden neu und in besonderer Weise berufen in einen Dienst für den Menschen.

---

9 Johannes 21,1

Die Fischer am See

Emsiges Treiben herrscht heute an dem sonst idyllischen Platz am Ufer des großen Sees. Zwei ankernde Fischerboote schaukeln leicht hin und her in der seichten Brise, die über den See weht. Mehrere Fischer bewegen sich zwischen Booten und Wasser, ziehen an Netzen der Schiffe und waschen diese sorgfältig in dem niedrigen Küstenwasser.

Vögel kreischen auf, Stimmen werden hörbar, am Ende der Bucht erscheinen viele Menschen. Ein entschlossener Mann - er sieht aus wie ein Gelehrter - kommt schnellen Schrittes am Uferrand gehend auf die im flachen Wasser arbeitenden Männer zu, stapft ins Wasser und kämpft sich Schritt für Schritt durch die leichten Wellen, bis er das vorderste Boot erreicht und klettert hinein. Hier trifft er auf Peter, den Eigentümer des Schiffes, der von Beruf Fischer ist. Der Fremde, noch ein wenig außer Puste, überblickt das Ufer und bittet dann den hier ansässigen Seemann, ihn auf See zu fahren. Peter, zunächst ein wenig irritiert, denkt an eine Touristentour. Doch dann wird ihm klar: dieser Fremde ist ein Gelehrter, er will zu den vielen Menschen sprechen, die sich zwischenzeitlich in der Bucht versammelt hatten.

Peter löst die Anker, lässt das Schiff ein wenig seewärts gleiten und ankert in günstiger Position. Der Gelehrte setzt sich auf eine erhöhte Stelle im Schiff und redet vom Meer aus zu den vielen Menschen an Land. Der von körperlicher Arbeit gezeichnete und von seiner Arbeit ermüdete Fischer lehnt an einer Holzplanke im hinteren Teil des Schiffes. Gebannt hört er den geschliffenen Worten des Redners zu. - Plötzlich herrscht Stille. Der Meister der Worte hat seine Rede beendet. Noch in Gedanken versunken, begibt sich Peter in das Vorderteil des Schiffes. Der Gelehrte wartet schon auf ihn. Doch statt eines Dankeswortes für seine Hilfeleistung vernimmt Peter aus des Gelehrten Mund: Stecht in See, werft die Netze aus und macht einen guten Fang. Peter erwidert etwas ärgerlich: guter Herr, wir waren draußen und haben die ganze Nacht gefischt; doch der Erfolg war gleich Null.

Peter, sichtlich beeindruckt von des Meisters Rede und seiner Autorität, gibt schließlich nach und sagt: wenn du meinst, dann werfe ich halt die Netze aus.

Der Fischer und seine Leute machen sich auf, überprüfen die Boote und fahren hinaus

20

auf hohe See. Hier werfen sie ihre Netze aus und haben Erfolg.

Auf dem Weg zurück sind sie gut gelaunt: nach der vergangenen nächtlichen Krise ohne Ertrag, können sie jetzt mit gefüllten Netzen nach Hause kommen. Doch die triumphale Rückfahrt endet in einer Katastrophe. Vor der Küste, im seichten Wasser, reißt das Netz eines Bootes. Emsiges Treiben beginnt. Die Männer beider Boote - einige springen ins Wasser - versuchen in gemeinsamer Anstrengung das zerrissene Netz mit samt den Fischen ins Boot zu ziehen. Mit großer Kraftanstrengung schaffen sie es nach geraumer Zeit. Dann wird das nächste Boot mit Fischen gefüllt.

Peter und seine Kollegen stehen nassgeschwitzt im seichten Wasser und atmen schwer durch: Die Arbeit wäre geschafft! Doch kaum gedacht, trauen sie ihren Augen nicht, die Schiffe beginnen zu sinken.

Am Ufer steht der gelehrte Herr und lächelt. Peter ist überwältigt: er denkt an die Worte des Gelehrten auf seinem Schiff, die Aufforderung ‚Fische zu fangen' und jetzt sieht er die überdimensionale Fischmenge, die die Boote sinken lassen. Dieses Ereignis versetzt ihn in Angst und Schrecken – ebenso die anderen

Fischer und Mitarbeiter. „Was für ein Mensch - dieser Gelehrte", schießt es Peter durch den Kopf. Ehrfurchtsvoll begegnet er dem gelehrten Mann am Ufer des Sees. Dieser spricht ihn an und sagt: „Du brauchst nicht in Panik zu verfallen, Angst und Schrecken sind keine guten Ratgeber. Du wirst dich ab jetzt nicht mehr um Fische, sondern um Menschen kümmern."

Gedanken –
Die Fischer am See

Der Originaltext[10] spricht davon, dass Peter und alle seine Mitarbeiter dem Ruf des Meisters folgten: ihren Arbeitsplatz aufräumten und sich ihm als Schüler anschlossen.[11]

Der Fischzug des Petrus

1 Es begab sich aber, als sich die Menge zu ihm drängte, zu hören das Wort Gottes, da stand er am See Genezareth.

2 Und er sah zwei Boote am Ufer liegen; die Fischer aber waren ausgestiegen und wuschen ihre Netze.

3 Da stieg er in eines der Boote, das Simon gehörte, und bat ihn, ein wenig vom Land wegzufahren. Und er setzte sich und lehrte die Menge vom Boot aus.

4 Und als er aufgehört hatte zu reden, sprach er zu Simon: Fahre hinaus, wo es tief ist, und werft eure Netze zum Fang aus!

5 Und Simon antwortete und sprach: Meister, wir haben die ganze Nacht gearbeitet und nichts gefangen; aber auf dein Wort hin will ich die Netze auswerfen.

6 Und als sie das taten, fingen sie eine große Menge Fische und ihre Netze begannen zu reißen.

7 Und sie winkten ihren Gefährten, die im andern Boot waren, sie sollten kommen und ihnen ziehen helfen. Und sie kamen und füllten beide Boote voll, sodass sie fast sanken.

---

10 Lukas 5,1-11
11 Lukas 5,11

8 Da Simon Petrus das sah, fiel er Jesus zu Füßen und sprach: Herr, geh weg von mir! Ich bin ein sündiger Mensch.

9 Denn ein Schrecken hatte ihn erfasst und alle, die mit ihm waren, über diesen Fang, den sie miteinander getan hatten,

10 ebenso auch Jakobus und Johannes, die Söhne des Zebedäus, Simons Gefährten. Und Jesus sprach zu Simon: Fürchte dich nicht! Von nun an wirst du Menschen fangen.

11 Und sie brachten die Boote ans Land und verließen alles und folgten ihm nach.

Lukas 5, 1-11 www.die-bibel.de

Am See Genezareth (See von Tiberias), wie im Text erzählt, beginnt die Bekanntschaft des Fischers Simon, dem späteren Petrus, mit Jesus, dem Rabbi aus Nazareth, beginnt die Beziehung des Gelehrten, des Lehrmeisters mit seinem Schüler. Hier fängt auch die Gefolgschaft der anderen Fischer am See mit einem außergewöhnlichen Menschen an.

An diesem vertrauten Platz am See findet für die Schüler des Meisters, die erfahrenen Fischer am See, Jahre später, nach einer depressiven, orientierungslosen Phase, eine Neuorientierung statt. Es beginnt für sie – vornehmlich für Petrus - eine verantwortliche Aufgabe im Namen ihres Lehrmeisters.[12]

Aber zunächst sind sie auf dem Weg mit ihrem Meister und hören Erstaunliches aus dem Munde des Gelehrten und lernen dem Handeln ihres Vorbildes zu folgen.

---

12 siehe *Gedanken – Der Fremde am Ufer*

Der Hirte und sein Schaf

Über die derben Gesichtszüge des orientalischen Hirten gleitet ein zufriedenes Lächeln. Stundenlang durchschreitet er bereits die steinigen Anhöhen, der von der Sonne golden leuchtenden Gebirgskette. Im Tal sieht er die winzigen Schafe seiner Herde – ein idyllisches Bild. Er hält einen Moment inne, um den Schweiß von seiner Stirn zu wischen - vor ihm, einige Meter entfernt, hinter einem dornigen, vertrockneten Busch, liegt es, das dusselige Schaf, das sich unbemerkt von der Herde entfernte und sich verirrte, eines seiner kostbaren Schafe, wonach er unter großen Anstrengungen nun bereits mehrere Stunden lang gesucht hatte. Es war plötzlich verschwunden. Endlich, er atmet auf, das vermisste Schaf ist aufgetaucht. Überglücklich, sein verloren geglaubtes Schaf gefunden zu haben, befreit er es aus seiner misslichen Lage. Der linke Fuß des Tieres ist in einer Felsspalte eingeklemmt. Vorsichtig zieht er die Pfote des Schafes aus dem schmalen Spalt. Das Schaf blökt einige Male, als wolle es seine Erleichterung über seine Befreiung mitteilen. Der Hirte streicht mit seiner rauen Hand über den Kopf des Schafes und freut sich, dass er nicht umsonst nach dem Schaf gesucht hat. Ein kurzer Blick zum Himmel und die starken Arme des Hirten greifen das Tier, heben es hoch und platzieren es auf seine muskulösen Schultern. Ein Freudenschrei durchdringt die Stille der einsamen Gebirgslandschaft, die nun von der rötlich scheinenden Abendsonne beschienen wird. Voller Freude begibt sich der Hirte hinunter ins Tal. Es ist kein leichter Weg. Immer wieder muss er eine Pause einlegen, aber die Freude über das gefundene Schaf, ist ihm Erleichterung und verleiht ihm neue Kraft.

Laut bellend heißen Bello und Hasso, die Herdenhunde, Hirt und Schaf willkommen. Am Lagerfeuer erzählt der Hirte seinen Hunden die Geschichte vom verirrten Schaf, das er wiedergefunden hat. Er ist allein mit ihnen und den hundert Schafen. Zufrieden knurren die Hunde hin und wieder, bis schließlich der Hirte übermüdet einschläft.

Es sind noch zwei Tage, bis die Herde ihr Heimatdorf erreicht. Für den Hirten ist es immer etwas Besonderes nach Hause zu kommen, bei der Familie sein zu dürfen, mit Freunden und Bekannten zu plauschen und zu feiern. Aber diesmal gibt es einen besonderen Grund sich zu freuen und in Feierlaune zu sein: *das vermisste und wiedergefundene Schaf*. Der Hirte lädt Freunde und Nachbarn ein, um mit ihnen dieses

Ereignis zu feiern: eines seiner wertvollen Schafe verirrte sich und er hat es wiedergefunden.

Gedanken –
Der Hirte und sein Schaf

Eine für uns heute romantische Geschichte, wenn nicht die raue Wirklichkeit des orientalischen Hirtenlebens vor 2000 Jahren eine andere Sprache sprechen würde, das von harter Arbeit, Entbehrung und Gefahren vor Räubern und wilden Tieren geprägt ist.

Bemerkenswert an dieser Geschichte sind der Einsatz und die Fokussierung des Hirten auf das eine verlorengegangene Schaf. Es zeigt, wie wichtig dem Hirten sein Tier ist. Der Wert, dem das verirrte Schaf durch den Hirten beigemessen wird, ist mehr als reine materielle Wertschöpfung: das verirrte Schaf erfährt durch den Hirten eine Wertschätzung als Geschöpf. Denn der aufopfernde Einsatz des Hirten, um das eine vermisste Tier, lässt vermuten, dass es dem Hirten um mehr als eine materielle Bilanz geht. Die betonte Freude in der Geschichte und das Teilhabenlassen an der Freude (Familie, Freunde, Nachbarn) vereint ökonomisches Denken und zielgerichtetes Handeln im Einklang mit und unter Achtung der Natur.

Im Mittelunkt der Geschichte steht die wertgeschätzte Kreatur, für die sich der Hirte unermüdlich einsetzt. Die erfolgreiche Rückgewinnung des Tieres mündet in eine große individuelle und gemeinschaftliche Freude.

Die Silbermünze ist weg

Unermüdlich rückt die zierliche Frau Regal um Regal, Tisch und Stühle, Schrank und Kommode beiseite. Sie findet nichts. Teppiche werden aufgerollt, die Lichter im Haus angemacht, um besser sehen zu können. Nichts!

Schließlich kommt der Besen zum Einsatz: Großreinigung! Vor und hinter den Schränken wird gefegt. Vergebens! Das ganze Haus wird umgekrempelt und gesäubert. Nichts! Die Frau wischt sich den Schweiß von der Stirn. Verzweifelt denkt sie: „Wo ist die Silbermünze geblieben, die ich gestern noch in der Hand hielt? Dumm, dass ich das Kästchen mit den zehn Silbermünzen auf den Tisch umstülpte, um mich an dem Geld zu erfreuen! Zehn Tageseinnahmen – und nun ist ein Tagesverdienst pfutsch!"

Die verzweifelte Frau fegt weiter. Und da - hinten in der Ecke schimmert etwas! Sie bückt sich, greift zu und schreit plötzlich laut auf: „da ist es, da ist es, das Silberstück!" Sie kann es noch kaum fassen: sie hält die Silbermünze wieder in ihren Händen. Das, was sie verloren hatte, hat sie wiedergefunden. Sie atmet tief durch, überglücklich: das Silberstück ist wieder da.

Noch außer sich vor Freude, rennt die glückliche Frau aus dem Haus, ruft ihren Nachbarinnen zu, was sie erlebt hat, eilt durchs Dorf zu ihren Freundinnen, trommelt diese zusammen, um mit ihnen ihre Geschichte, ihr Glück und ihre Freude zu teilen.

Gedanken –

Die Silbermünze ist weg

Bemerkenswert an dieser Geschichte sind sowohl der große Aufwand, den die Frau betreibt, um die Silbermünze wiederzufinden sowie ihr Sozialengagement, Einsatz, Initiative, social action, nachdem sie das Geld wiedergefunden hat, (Verkündigung ihres Erlebten an Nachbarschaft und Freundeskreis), als auch ihr beschriebener Gemütszustand nach dem Auffinden der Münze: „überschwängliche Freude".

Aufwand, *Freude*, *Mitteilungsbedürfnis* sind die drei kennzeichnenden Stichworte, die diese Geschichte charakterisieren. Sie haben mit dem Wert des Verlorenen und sicherlich auch mit der orientalischen Mentalität zu tun. Die Silbermünze ist wertvoll, weil die Frau damit ihren Lebensunterhalt für eine Zeit bestreiten kann. Die Silbermünze ist es also wert, einen Aufwand zu treiben, d.h. sie zu suchen, um sie wiederzufinden.

Der Verlust der Münze ist schmerzlich, der Fund der Münze ist Glück, Freude, den Wert wieder zu besitzen. Das Glück des Neubesitzes veranlasst zur Freude.

Eigentlich ist die Genugtuung über den Fund etwas Verlorenes, das wertvoll ist, selbstverständlich. Die Mitteilung der Freude und das Teilhabenlassen an der Freude in dieser Geschichte, über die nüchterne Information an den Nachbarn in unserem alltäglichen Lebensverständnis hinaus: *ich habe meinen Schlüsselbund wiedergefunden*, sind schon außergewöhnlich und bemerkenswert. Es ist nicht selbstverständlich, durchs Dorf zu eilen, um Nachbarn und Freunden ein persönliches Erlebnis mitzuteilen und sie teilhabenzulassen an seinem individuellen Empfinden. Sicherlich ist die außergewöhnliche Aktivität der Frau Ausdruck orientalischer Mentalität, sie zeigt aber andererseits die Bedeutung dieses Ereignisses: den Wert des Verlorenen und die Wertschätzung des Wiedergefundenen.

Die emotionale Reaktion der Freude nach dem Fund der Silbermünze zeigt, dass die Frau überglücklich ist, das Geld wiedergefunden zu haben und das Ereignis so wertschätzt, dass sie ihre Freude nicht für sich behalten kann, sondern ihre Nachbarn und ihr Freundeskreis teilhaben lässt an ihrer Freude.

Erbstreitigkeiten

Wie in der Erbfolge des Altertums üblich, übernimmt der ältere Sohn vermögender Familien die vorhandenen Familiengüter, die jüngeren Söhne werden ausbezahlt. So wie in dieser Geschichte. Der Jüngere von zwei Söhnen, wir nennen ihn ‚Benjamin‘, forsch und unternehmungslustig, fordert eines Tages von seinem Vater seinen ihm zustehenden Erbteil. Ohne Diskussion, mit Verständnis für das Anliegen seines Sohnes, zieht der Vater Bilanz, teilt das Vermögen auf und übergibt seinem jüngeren Sohn, den ihm zustehenden Vermögensanteil. Voller Lebenslust und Tatendrang sieht Benjamin in eine sonnige, sorgenfreie Zukunft, packt sein Hab und Gut zusammen und zieht in ein fernes Land, weitab von seinem Elternhaus. Seine Devise: *„raus aus den verkrusteten familiären Strukturen, endlich frei und unabhängig agieren können.“* Unbändig freut er sich auf seine neue Freiheit.

Der heimatlichen Idylle der 1. Szene folgt eine 2. pulsierende Großstadtszene mit großzügigen Feiern, ausschweifenden Partys, frivolen Vergnügungen. Das Geld sitzt locker und ein nicht kleiner Freundeskreis umgibt den wohlhabenden, überheblichen von sich überzeugten Lebemann.

Ein zügelloses, in seinem Verständnis freies und unabhängiges Leben führend, zerrinnt sein Vermögen in seinen Händen.

In einer 3. Szene sehen wir Benjamin Pleite am Straßenrand lebend. Seine Freunde haben ihn verlassen, das ferne Land, in dem er lebt, befindet sich in einer Wirtschaftskrise, Hartz IV gibt es nicht. Die Situation ist miserabel - doch er resigniert nicht. Er lässt sich nicht unterkriegen. Einen angesehenen, einflussreichen einheimischen Mann bedrängt Benjamin solange, bis dieser ihm eine Arbeit verschafft. Immerhin, trotz herrschender Arbeitslosigkeit, bekommt er Arbeit. Der obdachlose, einstige Lebemann hat es geschafft, er schöpft wieder Hoffnung. Der Mann schickt Benjamin, wie es im Text heißt „aufs Feld zum Schweinehüten".[13] Nun war das Schweinehüten zwar eine einfache, gesellschaftlich niedrige Arbeit, aber in jener Zeit und geographischen Lage keine ungewöhnliche Arbeit. Für den einst wohlhabenden, in seiner Heimat angesehenen Benjamin jedoch, bedeutet diese Arbeit sozialer Abstieg. Aus dem Unternehmersohn wird ein einfacher, abhängiger Knecht, dem als Nahrung nicht einmal die Futterschoten, die die Schweine fraßen, zugeteilt werden.

---

13 Lukas 15,15

In dieser existentiellen Notlage denkt er an sein Zuhause, sein Elternhaus, das Landgut mit den vielen Tagelöhnern, die genug zu essen bekommen. „Da ging er in sich und sagte: Wie viele Tagelöhner meines Vaters haben mehr als genug zu essen und ich komme hier vor Hunger um."[14] Er denkt bei sich selbst: es darf nicht wahr sein, dass es den Knechten meines Vaters besser geht als mir, das muss nicht sein: „Ich will aufbrechen und zu meinem Vater gehen".[15] Der gewiefte Sohn weiß einen Ausweg aus seiner ausweglosen miserablen Lage: auf nach Hause.
Doch wie peinlich! Mittellos, das ererbte Vermögen verprasst. Wie will der Sohn vor seinem Vater treten, sein verantwortungsloses Handeln erklären?

Benjamin hat eine Idee: Ich will meinem Vater sagen: Vater, ich habe mich gegen den Himmel und gegen dich versündigt. Ich bin nicht mehr wert, dein Sohn zu sein; mach mich zu einem deiner Tagelöhner.[16]

Wie sind der Entschluss Benjamins, nach Hause zurückzukehren und seine Begründung, dies zu tun, zu deuten und zu bewerten?

---

14 Lukas 15,7
15 Lukas 15,8
16 Lukas 15,18+19

Zugegeben ein genialer Plan, den der Sohn hier entwirft, er stellt sein Handeln als eine Verfehlung gegenüber seinem Vater dar, darüber hinaus will er vor ihm eine tiefere Bedeutung seines Fehlverhaltens ansprechen, eine Verfehlung gegenüber Gott. Die Vergeudung seines Erbteils schätzt er als Verlust der Sohnschaft ein. Ich habe mein Erbteil vergeudet, also kann ich nicht mehr dein Sohn sein, eine logische erbrechtliche Konsequenz.

Verfehlungsbekundung und die Frage der Sohnschaft sind aber nicht Grund seines Entschlusses zu seinem Vater zu gehen, sondern die Begründung. Sein Ziel, sein eigentliches Anliegen ist der Wunsch: „mach mich zu einem deiner Tagelöhner".[17] Selbst, wenn ich Tagelöhner bei meinem Vater bin, geht es mir besser als jetzt, denkt der jüngere Sohn Benjamin in seiner entbehrungsreichen Situation. Dieser Gedanke ist der ausschlaggebende Impuls seines Entschlusses zu seinem Vater aufzubrechen. Aufrechtes Bedauern über seinen leichtsinnigen Umgang mit seinem Erbe könnte bei den Überlegungen zur Rückkehr ins Elternhaus, angesichts einer persönlichen Begegnung mit seinem Vater, allerdings eine Rolle gespielt haben, geht aus dem Text aber nicht eindeutig hervor.

---

17 Lukas 15,19

Der Erzähler der Geschichte beschreibt eine neue Szene: Benjamin bricht auf, er geht zu seinem Vater. Wie lange die Reise dauert, welche Ereignisse sich zutragen, ob und welche innerlichen Konflikte Benjamin auszutragen hat, wird nicht berichtet.

Plötzlich befinden wir uns auf dem Landgut des Vaters. Kundschafter halten Ausschau nach Personen, die sich der Ranch nähern. Diese berichten dem Gutsbesitzer, dass ein heruntergekommener Mann sich langsam auf die Farm zubewegt. Der Gutsbesitzer verlässt eilend das Haus und sieht in der Ferne in dem angekündigten Landstreicher seinen jüngsten Sohn. Der Vater eilt seinem Sohn entgegen.

Die anschließende Szene ist bemerkenswert. Der Vater „hatte Mitleid mit ihm. Er lief dem Sohn entgegen, fiel ihm um den Hals und küsste ihn."[18]

Nicht das meist übliche Verhaltensmuster kommt hier zum Tragen, väterliche Strenge, Tadel, Vorhaltungen, Missbilligung des unverantwortlichen Handelns, Verweis aus der familiären Gemein-

---

18 Lukas 15,19

schaft aufgrund der Vergeudung des Erbvermö-
gens. Nicht der Sohn fällt dem Vater zu Füßen
und bittet um Verzeihung, der Vater läuft vielmehr dem Sohn entgegen, umarmt und küsst
ihn. Er will damit zeigen, ‚du bist zu Hause‘, hier,
beim Vater ist dein zu Hause. Der Vater sendet
Zeichen der Versöhnung und Rehabilitation.[19]

Der Beweggrund väterlichen Handelns liegt in
der fürsorgenden Haltung, des Vaters „Mitleid".
Der Vater hat Mitleid mit seinem Sohn. Er trägt
das Leiden des Sohnes quasi mit und erträgt die
Fehltritte seines Jüngsten.

Die Begründung seines Kommens „Vater, ich
habe mich gegen den Himmel und gegen dich
versündigt; ich bin nicht mehr wert, dein Sohn zu
sein",[20] die Benjamin nach der gestenreichen
Begrüßung vorträgt, nimmt der Vater gar nicht
zur Kenntnis. Dieser wendet sich direkt an seine
Knechte und beauftragt sie, für den Sohn Gewand vom Feinsten, Schuhe und einen Ring zu
besorgen und seinem Sohn zu Diensten zu stehen und ein tolles Fest zu organisieren. Ahnt er,

---

19 *Rehabilitation* (deutsch: „Wiedereinsetzung in den frühe-
ren Stand"), Rehabilitation (mittellat.: *rehabilitatio*, „Wiederherstellung")
20 Lukas 15,21

dass das Gesagte seines Sohnes nur ein Lippenbekenntnis ist oder ist ihm die vorgetragene Begründung nicht so wichtig?

Wichtig scheint dem Vater Folgendes zu sein „wir wollen essen und fröhlich sein".[21] Ja, eine fröhliche Feier ist dem Vater wichtig. Er will eine Feier vom Allerbesten austragen, eine fröhliche Feier. Nicht die Begründung der Rückkehr ist ihm wichtig, sondern der Grund. Und dieser Grund ist Anlass zur Freude „mein Sohn war tot und lebt wieder; er war verloren und ist wiedergefunden worden."[22] Der Sohn, der sich vom Vater entfernte, als Lebemann sein Vermögen verprasste, der auf das gesellschaftlich niedrigste Niveau glitt, zum Knecht wurde, wird wieder als Sohn angenommen.

Benjamin, der jüngere Sohn, erfährt Versöhnung, Ver-söhn-ung im wahrsten Sinne des Wortes (Sohn - Sohnschaft) und wird so rehabilitiert.

Ein grandioses Fest läuft auf dem Gutshof. Alle sind fröhlich und guter Dinge.

---

21 Lukas 15,23
22 Lukas 15,24

Nur einer wird ziemlich ärgerlich, der ältere Sohn. Er, ahnungslos, von den weitgelegenen Besitztümern zurückkommend, hört in Sichtweite des Hauses laute Musik und vergnüglichen Tanz. Sichtlich überrascht fragt er einen der Knechte „was das bedeuten solle".[23] Die Antwort bringt ihn in Rage. Der Bruder ist zurück und der Vater hat das für besondere Ereignisse vorgesehene Kalb schlachten lassen. Der ältere Sohn ist außer sich vor Zorn. Ausgerechnet dem, der das Erbvermögen durchgebracht hat, wird ein Super-Fest ausgerichtet. In die Wüste hätte man seinen Bruder schicken und die Kakteen mit einem Lappen säubern lassen müssen. - Nein, was soll er auf dem Fest, wenn man ihn schon sowieso außen vor gelassen hat, was soll er auf dem Fest seines Bruders, wo dieser wieder im Mittelpunkt steht? Feierfreude in dieser Situation ist ihm zuwider.

Es kommt zu einem Disput mit seinem Vater. Der älteste Sohn hält dem Vater vor, ungerecht zu handeln. Er, der immer im Sinne des Vaters gehandelt habe, habe nie etwas von ihm erhalten — auch nicht Geringes, um mit seinen Freunden feiern zu können, aber dem da, der dein Vermögen mit Prostituierten durchgebracht hat, dein

---

23 Lukas 15,26

Sohn – er mag ihn nicht als seinen Bruder betiteln – richtest du, kaum dass er da ist, das feinste vom Feinsten aus. Er schäumt vor Wut und mag nicht daran denken, was die Rehabilitation seines Bruders auch für ihn bedeutet. Benjamin, als jüngerer Bruder wieder mit voller Rechtsgültigkeit in das Familienunternehmen eingegliedert, d.h. dass er auf einen Teil seines Erbes verzichten muss zugunsten seines leichtlebenden Bruders, der nicht wie er selbst, nach dem Willen des Vaters gehandelt hat. Ungerecht, ungerecht schreit es aus ihm heraus.

Die Geschichte endet mit der Antwort des Vaters auf die Vorhaltungen seines älteren Sohnes. Der Vater möchte, dass sein älterer Sohn teilhat an seiner Freude, an seiner Freude über die Rückkehr seines Jüngsten und erwidert ihm: „Mein Kind, du bist immer bei mir, und alles, was mein ist, ist auch dein. Aber jetzt müssen wir uns doch freuen und ein Fest feiern; denn dein Bruder war tot und lebt wieder; er war verloren und ist wiedergefunden worden."[24]

---

24 Lukas 15,31+32

Im Mittelpunkt der Antwort des Vaters an den älteren Sohn steht die Freude des Vaters über das Dasein seines jüngeren Sohnes.

Können diese Antwort und der Hinweis, dass er das *„zu Hause"* hätte genießen können, den älteren Sohn überzeugen? Behandelt der Vater seinen älteren Sohn gerecht?
Wie ist die Sichtweise des Vaters zu verstehen?

Gedanken –
Der Vater und seine Söhne

Gerechtigkeit ? – Nein !

Der zu Hause gebliebene ältere Sohn hatte sich immer gut benommen. Er bringt die Sachlage präzise und wahrheitsgemäß auf den entscheidenden Punkt: sein Bruder hat ein lockeres Leben geführt und sein Erbteil verschleudert. Dafür, so der gesunde Menschenverstand, hat dieser die Konsequenzen zu ziehen. Duldung: ja; Belohnung: nein! Das heißt: Als Angestellter im Unternehmen seines Vaters kann der jüngere Sohn geduldet werden mit entsprechender Bezahlung und Unterkunft, aber die Rehabilitation als Sohn mit erneuten Erbansprüchen ist zutiefst ungerecht und unfair gegenüber dem älteren Sohn. Der jüngere Sohn hat entsprechende Konsequenzen zu ziehen.

Die Geschichte zeigt andererseits, dass der jüngere Sohn durch die Umarmung seines Vaters gar keine Gelegenheit hatte, sich selbst anzuklagen. Im Mittelpunkt des Geschehens steht der Vater mit seiner unbeschreiblichen Freude, seinen geliebten Sohn wieder in seine Arme schließen zu dürfen. Aus der Sicht des Vaters war er tot, für ihn nicht mehr existent, und ist wieder

lebendig geworden, wieder ein seiendes Gegenüber.

Der, der sein Erbteil mit Prostituierten verprasst
hat, wird gefeiert. Der, der die Wahrheit sagt,
schließt sich mit seiner Aussage selbst von der
Freude und dem „Gefeiert werden" aus. *Der
ältere Sohn sagt die Wahrheit und schließt sich
gleichzeitig selbst aus.*[25]

Nein, das Handeln des Vaters ist nicht gerecht!
– Es ist nicht gerecht. –

Um den Vater verstehen zu können, bedarf es für
sein Handeln eines anderen Begriffes, des der
Barmherzigkeit. Anhang II

Das Handeln des Vaters ist nicht gerecht - es ist
schlicht barmherzig. Die Barmherzigkeit des Va-
ters übertrifft die Gerechtigkeit, die den jüngeren
Sohn in Verantwortung für sein Handeln sieht.
Papst Franziskus sagt in ‚Der Name Gottes ist
Barmherzigkeit': „Mit der Barmherzigkeit und der
Vergebung geht Gott über die Gerechtigkeit hin-
aus."[26]

---

25 Papst Franziskus, Der Name Gottes ist Barmherzigkeit,
Kösel, 2016, S.68
26 Papst Franziskus, Der Name Gottes ist Barmherzigkeit,
Kösel, 2016, S.102

Der Vater vergibt seinem Sohn und durchbricht damit das Prinzip der Gerechtigkeit. Vergebung umschließt Gerechtigkeit oder sinnbildlich ausgedrückt: Vergebung umarmt Gerechtigkeit. Das Bild vom Vater, der seinen Sohn umarmt, zeigt, dass Barmherzigkeit und Vergebung über Gerechtigkeit hinausgeht.

In der Geschichte vom Vater und seinen Söhnen geht es vordergründig nicht um Gerechtigkeit in Erbangelegenheiten, vielmehr um Barmherzigkeit einem Menschen gegenüber, der durch sein Handeln, Vertrauen und familiäre Zuneigung verwirkte.

Die Skulptur „vom Vater und seinem Sohn" auf dem Vorplatz des Seehafens von Waren an der Müritz beeindruckt den aufmerksamen Betrachter. Menschen, die entlang des Sees schlendern, sich dem Hafen zuwenden, die Ausflugsschiffe erblicken, erblicken zugleich die zwei künstlerisch gestalteten Männer auf dem Vorplatz des Hafens. Menschen, die aus den Schiffen steigen und jene, die warten, in ein solches zu gelangen, begegnen diesen zwei Gestalten, die völlig auf sich konzentriert zu sein und den Trubel um sich herum nicht wahrzunehmen scheinen. Andererseits scheint das Innehalten der Figuren inmitten des Trubels, zum eigenen Innehalten zu motivieren und zum näheren Betrachten der Skulptur zu animieren.

Niedergeschlagen, den Kopf gesenkt und ein wenig zur Seite bewegt, steht die hoch gewachsene, von seinem Aussehen, jüngere Gestalt, vor dem älteren, etwas gedrungenen Mann, der seinen auffallend langen Arm auf die gesenkte Schulter seines Gegenübers legt. Der von seine Statute her kräftige, junge Mann scheint eher abgemagert zu sein – worauf die angedeuteten Rippenbögen hinweisen – und von seiner Verfassung her deprimiert, enttäuscht, bedrückt zu sein – was aus seinen gebeugten Schultern und seinem geneigten Kopf zu lesen ist. Die gütig erscheinende Vaterfigur wendet sich der Sohnesfigur zu und vermittelt seinem Gegenüber durch seinen ausgestreckten, schulterberührenden Arm, Angenommen-Sein und Zuversicht. Die Sohnesfigur hingegen sieht den Vater nicht an. Sie vermeidet Blickkontakt, als ob diese Person etwas zu verbergen habe oder sich vor dem Vater schämt. Eine offene Begegnung findet nicht statt. Der schlaff herunterhängende Arm zeigt Passivität und Hoffnungslosigkeit. Die Vaterfigur ist der aktive Part in dieser Szene, die Hoffnung vermittelt in einer scheinbar hoffnungslosen Situation des Gegenübers.

Die Privatsphäre der Vater-Sohn-Figuren im öffentlichen Raum eines quirligen Seehafentreibens strahlt Ruhe und Geborgenheit aus und lädt ein zum Innehalten. Ein Nachdenken über die Aussagekraft dieser Szene lohnt sich.

Orientalisches vom Verlorenen
- Gedanken zu uralten Geschichten -

Eine zweitausend Jahre alte Geschichte über einen Vater und seine zwei Söhne, übers Erben und sinnloses Verprassen dieses Erbe, über das Verlassen des Elternhauses und die Heimkehr des jüngsten Sohnes, über die Proklamation der Sohnschaft des jüngeren Sohnes durch den Vater (veranschaulicht durch Ring, Gewänder und Schuhe als Zeichen der Wiederherstellung des alten Rechtszustandes mit allen hoheitlichen und erblichen Rechten), den Zorn des älteren Bruders über das Handeln des Vaters und die neue rechtliche Situation, die von ihm abverlangt, sein ihm allein zustehendes Erbteil nochmals mit seinem jüngeren Bruder zu teilen, den folgenden Streit des älteren Sohnes mit seinem Vater über die Ungleichbehandlung und schließlich die für uns heute unverständliche Antwort des Vaters: *„Denke daran, du hast alles was du benötigst! Weil du bei mir bist, gehört auch dir alles. Freue dich einfach über die Rückkehr deines vermissten Bruders.“*[27]

---

27   Lukas 15, 31+32

Die Antwort des Vaters und die Geschichte als solche kann nur im Gesamtzusammenhang des ursprünglichen Textes verstanden werden. Die Geschichte ist eingebettet in zwei weitere Geschichten „Der Hirte und sein Schaf" und „Die Silbermünze ist weg" sowie einem Prolog (Vorwort) zu diesen Geschichten.

Die zweitausend Jahre alte Geschichte vom Hirten und dem davongelaufenen und verirrten Schaf, erzählt die mühevolle Suche nach dem einen von hunderten Schafen, die unbändige Freude über das wiedergefundene Tier, die Verbreitung der Freude im ganzen Dorf.

Die zweitausend Jahre alte Geschichte von der Frau, die eine Silbermünze verschludert, schildert die hektische Suche der Münze, das Umkrempeln ihrer Wohnung und schließlich den glücklichen Fund und ihre große Freude darüber sowie ihr bemerkenswertes Mitteilungsbedürfnis, ihre vertrauten Nachbarn und Freundinnen teilhaben zu lassen an der großen Freude, resultierend aus dem sensationellen Ereignis des schmerzlichen Verlustes und des glücklichen Fundes der Silbermünze.

Die Geschichten enden jeweils mit einem religiösen Bezug: *Freude im Himmel über einen Ge-*

scheiterten, der Reue zeigt.[28] Der Erzähler benutzt Geschichten, um seine Zuhörer auf die herrschende gesellschaftliche Situation im Lande aufmerksam zu machen: Gescheiterte werden verurteilt (nicht geachtet) und aus der Gesellschaft ausgeschlossen.

Die drei Geschichten bilden eine Einheit und können nur in Verbindung mit dem eigentlichen Geschehen, welches im Prolog zu den Geschichten geschildert wird, gedeutet werden.

Der überlieferte Text:

Gleichnisse vom Verlorenen (Kapitel 15,1-32)
1 Es nahten sich ihm aber alle Zöllner und Sünder, um ihn zu hören.
2 Und die Pharisäer und die Schriftgelehrten murrten und sprachen: Dieser nimmt die Sünder an und isst mit ihnen.
Vom verlorenen Schaf
3 Er sagte aber zu ihnen dies Gleichnis und sprach:
4 Welcher Mensch ist unter euch, der hundert Schafe hat und, wenn er eines von ihnen verliert, nicht die neunundneunzig in der Wüste lässt und geht dem verlorenen nach, bis er's findet?
5 Und wenn er's gefunden hat, so legt er sich's auf die Schultern voller Freude.

---

28   Lukas 15,7+10

6 Und wenn er heimkommt, ruft er seine Freunde und Nachbarn und spricht zu ihnen: Freut euch mit mir; denn ich habe mein Schaf gefunden, das verloren war.

7 Ich sage euch: So wird auch Freude im Himmel sein über *einen* Sünder, der Buße tut, mehr als über neunundneunzig Gerechte, die der Buße nicht bedürfen.

Vom verlorenen Groschen

8 Oder welche Frau, die zehn Silbergroschen hat und *einen* davon verliert, zündet nicht ein Licht an und kehrt das Haus und sucht mit Fleiß, bis sie ihn findet?

9 Und wenn sie ihn gefunden hat, ruft sie ihre Freundinnen und Nachbarinnen und spricht: Freut euch mit mir; denn ich habe meinen Silbergroschen gefunden, den ich verloren hatte.

10 So, sage ich euch, ist Freude vor den Engeln Gottes über einen Sünder, der Buße tut.

Vom verlorenen Sohn

11 Und er sprach: Ein Mensch hatte zwei Söhne.

12 Und der jüngere von ihnen sprach zu dem Vater: Gib mir, Vater, das Erbteil, das mir zusteht. Und er teilte Hab und Gut unter sie.

13 Und nicht lange danach sammelte der jüngere Sohn alles zusammen und zog in ein fernes Land; und dort brachte er sein Erbteil durch mit Prassen.

14 Als er aber alles verbraucht hatte, kam eine große Hungersnot über jenes Land und er fing an zu darben

15 und ging hin und hängte sich an einen Bürger jenes Landes; der schickte ihn auf seinen Acker, die Säue zu hüten.

16 Und er begehrte, seinen Bauch zu füllen mit den Schoten, die die Säue fraßen; und niemand gab sie ihm.

17 Da ging er in sich und sprach: Wie viele Tagelöhner hat mein Vater, die Brot in Fülle haben, und ich verderbe hier im Hunger!

18 Ich will mich aufmachen und zu meinem Vater gehen und zu ihm sagen: Vater, ich habe gesündigt gegen den Himmel und vor dir.

19 Ich bin hinfort nicht mehr wert, dass ich dein Sohn heiße; mache mich einem deiner Tagelöhner gleich!

20 Und er machte sich auf und kam zu seinem Vater. Als er aber noch weit entfernt war, sah ihn sein Vater und es jammerte ihn, und er lief und fiel ihm um den Hals und küsste ihn.

21 Der Sohn aber sprach zu ihm: Vater, ich habe gesündigt gegen den Himmel und vor dir; ich bin hinfort nicht mehr wert, dass ich dein Sohn heiße.

22 Aber der Vater sprach zu seinen Knechten: Bringt schnell das beste Gewand her und zieht es ihm an und gebt ihm einen Ring an seine Hand und Schuhe an seine Füße

23 und bringt das gemästete Kalb und schlachtet's; lasst uns essen und fröhlich sein!

24 Denn dieser mein Sohn war tot und ist wieder lebendig geworden; er war verloren und ist gefunden worden. Und sie fingen an, fröhlich zu sein.

25 Aber der ältere Sohn war auf dem Feld. Und als er nahe zum Hause kam, hörte er Singen und Tanzen

26 und rief zu sich einen der Knechte und fragte, was das wäre.

27 Der aber sagte ihm: Dein Bruder ist gekommen, und dein Vater hat das gemästete Kalb geschlachtet, weil er ihn gesund wiederhat.

28 Da wurde er zornig und wollte nicht hineingehen. Da ging sein Vater heraus und bat ihn.

29 Er antwortete aber und sprach zu seinem Vater: Siehe, so viele Jahre diene ich dir und habe dein Gebot nie übertreten, und du hast mir nie einen Bock gegeben, dass ich mit meinen Freunden fröhlich wäre.

30 Nun aber, da dieser dein Sohn gekommen ist, der dein Hab und Gut mit Huren verprasst hat, hast du ihm das gemästete Kalb geschlachtet.

31 Er aber sprach zu ihm: Mein Sohn, du bist allezeit bei mir und alles, was mein ist, das ist dein.

32 Du solltest aber fröhlich und guten Mutes sein; denn dieser dein Bruder war tot und ist wieder lebendig geworden, er war verloren und ist wiedergefunden.

Lukas 15,1-32 www.die-bibel.de

Im Vorwort des Ursprungtextes heißt es: „Alle Zöllner (Geldeintreiber) und Sünder (Zwielichtige Gestalten) kamen zu ihm [dem weisen Rabbi und provozierenden Lehrer aus Nazareth], um ihn zu hören. Die Pharisäer und die Schriftgelehrten empörten sich darüber und sagten: Er gibt sich mit Sündern ab und isst sogar mit ihnen. Da erzählte er, [der weise Gelehrte (Rabbi) und provozierende Lehrer], ihnen ein Gleichnis und sagte: …".[29] Dann folgen die Geschichten vom Hir-

ten und verirrten Schaf, von der verlorenen Silbermünze und die Geschichte vom Vater und
seinen zwei Söhnen.

Der Prolog beschreibt die Ausgangssituation: *die*
Empörung über ein unangebrachtes Verhalten.

Die Geschichten dienen dem Beschuldigten als
Rechtfertigung für sein ungewöhnliches Han-
deln, der Akzeptanz der am Rande stehenden
Menschen.

Die Geschichten stehen im Kontext der Ereignisse und sind keine Erzählungen mit eigenständi-
ger Aussagekraft. Sie dienen als Gleichnisse,
vielmehr einer bildhaften Erklärung einer bestehenden heiklen Situation und sind deshalb im
Zusammenhang zu deuten.

Wir halten fest, die Geschichten stammen von
einem weisen Rabbi, der gerne provoziert, um
seinen religiösen Mitstreitern zu verdeutlichen,
dass viele gesellschaftliche Gruppierungen seiner Zeit vom religiösen und gesellschaftlichen
Leben ausgegrenzt sind.

---

29 Lukas 15, 1-3

Der weise Rabbi[30], mit Namen Jesus (Jeschua, Jehoschua) von Nazareth, kümmert sich um die Armen und jene am Rande der Gesellschaft, die von den Religionsgelehrten als nicht gesellschafsfähig angesehen werden, weil sie - ihrer Meinung nach - den Gesetzesnormen und moralischen Vorstellungen nicht entsprechen. Ebenso pflegt er aber auch Kontakt mit seinen geistlichen Kollegen, diskutiert mit ihnen über Gott und die Welt.

Eine solche heikle Situation finden wir im Vorwort der Erzählungen. Jesus diskutiert mit Pharisäern und Schriftgelehrten, den Religionsgelehrten seiner Zeit, und diese missbilligen seine Kontakte mit den Außenseitern der Gesellschaft, weil diese durch ihr Verhalten die Gemeinschaft verwirkt haben. Diese kommen zu Jesus, um seine Botschaft zu hören und mit ihnen isst er sogar.[31]

Tischgemeinschaft mit gesellschaftlich Geächteten zu pflegen bedeutet in jener Zeit eine Missachtung des bestehenden Verhaltenskodex. Jesu Verhalten ist also nicht gesetzeskonform und entspricht nicht den moralischen Normvorstellungen seiner Zeit.

---

30 Rabbi = Gelehrter, Meister
31 Lukas 15,2

Zur Erklärung seines außergewöhnlichen Handelns erzählt Jesus den jüdischen Gelehrten die drei Geschichten vom verlorenen Schaf, von der verlorenen Silbermünze und vom Vater und seinen zwei Söhnen. Dieser Typus Geschichte wird Gleichnis genannt, weil die Erzählungen nicht für sich, sondern in einem Zusammenhang sinnbildlich für etwas stehen. Eine bildhafte, metaphorische statt einer direkten Rede.

Was will Jesus den jüdischen Gelehrten mit diesen Geschichten sagen?

In dem Ursprungstext wird der Situationshintergrund in einem Vorwort zu den Gleichnissen dargestellt: Ausgestoßene der Gesellschaft kommen zu Jesus, um ihn zu hören; dieser sprich mit ihnen und pflegt Tischgemeinschaft mit ihnen. Die Pharisäer und die Schriftgelehrten empören sich über das Verhalten des Rabbis aus Nazareth.

Jesus rechtfertigt sein Handeln mit drei Gleichnissen:
Das verirrte Schaf, die Freude des Hirten es wiedergefunden zu haben.
Die verlorene Silbermünze, die Freude der Frau, sie wiedergefunden zu haben.

Der verschollene Sohn und die Freude des Vaters über dessen Rückkehr.

Alle drei Geschichten enden mit einem religiösen Vergleich:

Verirrtes Schaf:
So wird auch Freude im Himmel sein über <u>einen</u> Sünder, der Buße tut, mehr als über neunundneunzig Gerechte, die der Buße nicht bedürfen.[32]

Verlust der Silbermünze:
So, sage ich euch, ist Freude vor den Engeln Gottes über <u>einen</u> Sünder, der Buße tut.[33]

Verschollener Sohn:
Aber jetzt müssen wir uns doch freuen und ein Fest feiern; denn <u>dein</u> Bruder war tot und lebt wieder; er war verloren und ist wiedergefunden worden.[34]

Bemerkenswert an den Aussagen sind die Hervorhebung des Individuellen, des Einzelnen: der <u>eine</u> auf Abwegen geratene Sohn, die <u>eine</u> verlorene Münze, das <u>eine</u> verirrte Schaf sowie die Betonung der Freude.

---

32 Lukas 15, 7
33 Lukas 15, 10
34 Lukas 15,32

Übertragen im abschließenden Vergleich der Geschichten: einerseits, der eine verirrte Mensch, der bereut und angenommen wird sowie andererseits, die große Freude im Himmel über die individuelle menschliche Entscheidung.

Jesus geht es um das persönliche, individuelle menschliche Schicksal. Die einzelnen menschlichen Schicksale lassen ihn nicht kalt. Er kümmert sich um das Leid der Menschen, ihre selbstverschuldeten oder unverschuldeten Biographien.

Gedanken –
Der Hirte und sein Schaf

Die Geschichte vom vermissten und wiedergefundenen Schaf, die der weise Rabbi, mit Namen
Jesus von Nazareth, den Pharisäern und Schriftgelehrten, die ihn wegen des Kontaktes mit ge-
setzlosen und zweifelhaft agierenden Menschen
kritisieren, erzählt, steht als Beispiel für die gesellschaftliche Situation um die Zeitenwende in
Palästina. Die Menschen, die sich außerhalb der
gesellschaftlichen Norm bewegen, sei es im pri-
vaten oder beruflichen Handeln, gelten im herrschenden Meinungsbild als Außenseiter der Gesellschaft (das verirrte Schaf) und es gilt als un-
schicklich, mit ihnen Kontakt zu pflegen. Den
führenden Meinungsträgern jener Zeit sagt der
weise Rabbi, mit Namen Jesus von Nazareth,
„Ich sage euch [den Pharisäern und Schriftge-
lehrten]: Ebenso wird auch im Himmel mehr
Freude herrschen über einen einzigen Sünder,
der umkehrt, als über neunundneunzig Gerechte,
die es nicht nötig haben umzukehren."[35]

Jesus macht deutlich, dass gerade die Menschen, die in gesellschaftliche Schieflage geraten
sind, gleich wie das von der Herde sich entfernte

---

35 Lukas 15, 7

Schaf sich verirrte, Hilfe und Orientierung benötigen, deshalb kümmere er (Jesus) sich um sie und weniger um die Etablierten der Gesellschaft. Er verweist auf die göttliche Autorität und versinnbildlicht, wie der Hirte sich unbändig freut über das eine wiedergefundene Schaf, so freut sich auch der Himmel über einen ungerecht handelnden Menschen, der den Weg in die gerechte Gesellschaft wiederfindet. Mit Blick auf seine Kritiker betont Jesus ausdrücklich, dass der Himmel sich über einen zurechtgekommenen Außenseiter ‚mehr' freut als über die vielen gesetzestreuen Insider.[36]

Mit dem Bild des verirrten Schafes will Jesus den Religionsgelehrten verdeutlichen, dass Gott auch und gerade den verirrten Menschen wertschätzt, ihm nachgeht und ihm seine menschliche Würde in der Gemeinschaft des Gottesvolkes zurückgibt.

---

36 Lukas 15, 10
37 Lukas 15,32

Gedanken –
Die Silbermünze ist weg

Bemerkenswert an der Geschichte von der verlorenen Silbermünze sind der große Aufwand der Frau, den sie betreibt, um die Silbermünze wiederzufinden (die Münze scheint wertvoll für sie zu sein), ihr großes Mitteilungsbedürfnis, dass sie die Münze wiedergefunden hat (Vertraute Nachbarn, Freundinnen) und ihr Gemütszustand „große Freude".

Es ist zu fragen „Warum" der Aufwand, warum die „Freude"?

Die Begriffe „Wert, wertvoll, Wertschätzung" scheinen Schlüsselbegriffe zum Verständnis dieser und der anderen Geschichten zu sein.

Die Silbermünze ist es wert, um einen Aufwand zu betreiben. Der Verlust der Münze ist schmerzlich, der Fund der Münze ist Glück, Freude den Wert wieder zu besitzen.

Mit dieser Geschichte und dem abschließenden Gottesbezug „So, sage ich euch, ist Freude vor den Engeln Gottes über *einen* Sünder, der Buße tut."[37] will Jesus den Pharisäern sagen, wie wertvoll für Gott jeder einzelne Mensch ist und der Himmel sich freut, wenn Menschen innehalten, ihr verirrtes Verhalten bereuen und korrigieren.

Gedanken –
Der Vater und seine Söhne

Jesus will seinen Diskutanten beispielhaft zeigen: seht, der Schöpfer hat beide geschaffen, die Etablierten, die sich an die Gebote halten und die von der Gesellschaft Ausgegrenzten, die der Gesetzesnorm nicht entsprechen. Beide Gruppen gehören zu Gottes Kindern, wie der ältere und der jüngere Sohn in unserer Geschichte. Die, die sich vom Vaterhaus abgewandt haben und oft zweifelhaften Geschäften nachgehen, bedürfen der besonderen Zuwendung. Deshalb wende ich mich ihnen zu mit der Botschaft ‚Gott ist euer liebender, barmherziger Vater'. Ihr kennt Gott, die Ausgegrenzten haben jedoch keinen Anteil an Gottes Reich.

Es könnte aus der isolierten Geschichte gedeutet werden, dass die schlecht Handelnden zu guten werden (der verlorene Sohn) und die gut Handelnden versagen (der ältere, scheinbar undankbare Sohn), im Kontext dieser Geschichte geht es aber primär um den Vater und nicht so sehr um das Handeln der Söhne. Es wird hier der liebende, barmherzige Vater in den Vordergrund gestellt - nicht der gerechte -, der den verirrten Sohn wieder aufnimmt und den etablierten Sohn zum freudigen Feiern aufruft.

Übertragen auf Jesu Gesprächspartner könnte gesagt werden: *ihr lieben Religionsgelehrten akzeptiert, dass die zweifelhaften Menschen am Rande der Gesellschaft auch Gottes Kinder sind, wie ihr es seid, jedoch der Hilfe bedürfen und ihr, die ihr Gottes Kinder seid, freut euch und feiert ein wenig. Ich, Jesus, sehe meinen Auftrag darin, zu suchen und zu finden, was verloren ist.*

Zusammenfassend drücken die drei Geschichten die Wertschätzung des Verlorenen aus (Tier, Sachwert, Mensch) und die große Freude darüber, das Verlorene wieder besitzen zu können. In Verbindung mit dem Gottesbezug und im Kontext der Situation will Jesus mit den Geschichten seinen Anklägern, den Gesetzesgelehrten sagen: seht, die Menschen, die ihr ausgrenzt, sind auch Söhne und Töchter Gottes, wie ihr es seid, nur jene sind vom rechten Wege abgekommen. und ich bin gekommen, um ihnen den rechten Weg zu zeigen. Der Himmel freut sich über jeden verirrten Menschen, der zurückfindet (zu einem rechtschaffenden Handeln) in die Gemeinschaft des Gottesvolkes. Barmherzigkeit und Vergebung umhüllen Gesetz und Gesetzeserfüllung.

Ein Skandal im angesehenen Hause

Der Gast sitzt zufrieden in einem bequemen Sessel an dem feudal gedeckten Tisch im Hause des angesehenen Gastgebers. Gastgeber und Gäste plaudern über dies und jenes als plötzlich eine ungebetene Person – eine Frau – die Räumlichkeiten betritt, sich kurz umschaut und in Richtung des Sessels eilt, in dem sich der (zu Tisch) eingeladene Gast gemütlich zum Essen niedergelassen hatte. Unbekümmert aller Konventionen hat der Gast seine Füße von den staubigen Sandalen befreit, denn ein langer Fußweg liegt hinter ihm und er möchte entspannt die Zeit im Hause des vornehmen Mannes genießen. Neben dem Sessel des Gastes fällt die hübsche, langhaarige Frau weinend zu Boden. Die Tränen, die aus ihren Augen fließen, tropfen auf die bloßen Füße des Gastes und befeuchten diese.

Die Blicke des Gastgebers und der anderen Gäste richten sich entgeistert auf den weisen Mann im Sessel am Tisch des Gastgebers und der neben ihm knienden Frau. Besorgt denken sie: Was hat sie vor? Will sie ihn belästigen? Beabsichtigt sie, ihn durch erotische Berührung zu verführen? Will sie ihn bloßstellen? Was soll dieser ungewöhnliche Vorfall? Skandalös! Während Gastgeber und Gäste gedankenversunken in Richtung des Geschehens starren, greift die ungeladene Frau in völliger Ruhe in ihre langen dunklen Haare und wischt mit diesen über die nassen Füße des Mannes, um sie zu trocknen. Ihre schmalen Hände kreisen ohne ein Zeichen der Hektik über die feuchten Füße; die Tätigkeit mutet wie ein andächtiges Handeln an den müden Füßen eines Freundes oder weht über die zärtlichen Berührungen ein Hauch von Erotik (Haare der Frau gelten in der Literatur als erotisches Symbol)? Peinlich scheint der skandalöse Auftritt in dem vornehmen Haus der aufdringlichen Frau anscheinend nicht zu sein. Augenblicke später kramt sie seelenruhig in ihrer Tasche, holt ein wohlgeformtes Gefäß hervor, betrachtet es wohlwollend in ihrer rechten Hand, öffnet es, bückt sich nieder, küsst die Füße des Mannes und reibt diese mit Öl ein. - Die Tischgemeinschaft verfolgt wie gelähmt die dramatischen Vorfälle an dem gedeckten Tisch. Ein wohlriechender Duft breitet sich in dem großzügigen Speiseraum aus. Der edle Duft dieses Öles verrät die Kostbarkeit des Produktes aus dem marmorähnlichen Gefäß in der Hand der ungebetenen, seltsam agierenden Frau.

Der Gastgeber verharrt entsetzt, aber, angesichts des Skandals in dem angesehenen Hause, mit seltsamer Zurückhaltung an seinem Platz. Seine Gedanken kreisen um den weisen Mann am Tisch: *Eigentlich müsste der gelehrte, weise Mann, den ich eingeladen habe, wissen, um was für eine Frau es sich handelt, die unvermittelt in mein Haus eingedrungen ist und ihn in dieser Weise belästigt. Eine Prostituierte. Ein Skandal in meinem Hause.*

Noch in Gedanken versunken hört der Gastgeber den eingeladenen Gelehrten reden. „Simon" spricht er ihn an und fährt fort: „ich möchte dir etwas sagen." Der Gastgeber erwidert: „Sprich, Meister!" Der Gelehrte erzählt: „Ein Geldverleiher hatte zwei Schuldner; der eine war ihm fünfhundert Silberstücke schuldig, der andere fünfzig. Als sie ihre Schulden nicht bezahlen konnten, erließ er sie beiden. Wer von ihnen wird ihn nun mehr lieben? Simon, der Gastgeber, antwortet: „Ich nehme an, der, dem er mehr erlassen hat." Der Gelehrte sagt zu ihm: „Du hast recht."[38]

Mit einem ungewöhnlichen, provokanten Vergleich endet die Geschichte. Der weise Gast stellt die ungebetene, ins Haus eindringende Frau als Vorbild und ihr seltsames Verhalten als vorbildliches Handeln dar, im Gegensatz zu der

---

38 Lukas 15, 7

kargen Handlungsweise des Gastgebers. „Du hast mir kein Wasser zum Waschen der Füße gegeben [sagt er zum Gastgeber]; sie aber hat ihre Tränen über meinen Füßen vergossen und sie mit ihrem Haar abgetrocknet".[39]

39 Lukas 15, 10

Gedanken –
Ein Skandal im angesehenen Hause

Situationsbeschreibung (Die Protagonisten)

Eine Prostituierte
erfährt (von wem?), dass der weise Mann, Jesus
von Nazareth, Gast im Hause des angesehenen
Rechtsgelehrten Simon ist. Daraufhin nimmt sie
ein hellgelbes marmorähnliches Gefäß voll wohl-
riechenden Öls und geht zum Haus des Simons,
um Jesus zu treffen. Warum? Will sie den Rabbi
bloßstellen oder plagt sie ihr Gewissen, empfin-
det sie Schuld? Will sie Hilfe? Will sie ihn, der
sich um die Außenseiter der Gesellschaft kümmert, endlich Kennenlernen, ihm danke sagen für
seinen Einsatz für die Armen und die gesellschaftlich Geächteten, ihm Ehrerbietung erwei-
sen? Was ist der Grund ihres Handelns? Wie ist
ihre Begegnung mit Jesus zu deuten? Warum
weint sie? Warum salbt sie seine Füße? Warum
opfert sie ein teures Produkt (kosmetisches Öl)?

Der Gast
Warum lässt Jesus, der Rabbi, die (zärtlichen)
Berührungen der Prostituierten zu? Wieso wen-
det er sich nicht gegen den verschwenderischen
Gebrauch des teuren kosmetischen Öles?

Der Gastgeber

Simon, ein jüdischer Gelehrter

Warum lädt er Jesus zum Essen ein? Wieso verhält er sich so zurückhaltend als die Prostituierte ungeladen in sein Haus kommt und an Jesus so handelt, wie sie handelt? Warum schmeißt er sie nicht einfach hinaus? Will er Jesus testen? Will er Jesu Autorität prüfen, will er feststellen, ob Jesus wirklich der ist, für den die einfachen Leute ihn halten, der weise Gelehrte mit übernatürlichen Kräften? „Wenn er wirklich ein Prophet wäre, müsste er wissen, was das für eine Frau ist, von der er sich berühren lässt; er wüsste, dass sie eine Sünderin ist."[40]

Das Gespräch

des weisen Gastes mit dem Gastgeber beginnt in dieser Situation mit einer kleinen Geschichte eines Geldverleihers und seinen zwei Schuldnern, denen er bei Zahlungsunfähigkeit in dem einen Fall eine geringe, in dem anderen Fall eine hohe Schuldsumme erließ. Die anschließende Frage, wer von den beiden Schuldnern dem Geldverleiher wohl am meisten zugeneigt sei, antwortet der Gastgeber: wohl der, dem die meisten Schulden erlassen worden sind.

---

40 Lukas 7, 39

Bemerkenswert ist der folgende Vergleich zwischen dem Handeln des Gastgebers und dem Handeln, des ungebetenen Gastes, der Prostituierten. „Du hast mir kein Wasser zum Waschen der Füße gegeben, sagt der weise Gast; sie aber hat ihre Tränen über meinen Füßen vergossen und sie mit ihrem Haar abgetrocknet".[41]

Jesus benutzt die kleine einleitende Geschichte als Beispielerzählung zur Verdeutlichung der bestehenden Situation. Der Vergleich der Protagonisten (Gastgeber Simon und die in sein Haus eindringende Prostituierte) mit den zwei Schuldnern in der kleinen Geschichte ist erkennbar.

Jesus deutet an, dass die schuldbeladene Frau ihm mehr zugeneigt ist, weil ihr mehr Schuld erlassen werden muss, als ihm dem rechtschaffenen Gelehrten erlassen zu werden braucht. Anders formuliert: die Frau weiß um ihre große Belastung und weiß, um den Wert der Befreiung einer seelischen Last, um den Wert des Erlasses ihrer großen Schuld. Dieses Wissen treibt sie zu dem, der ihr helfen kann, zu Jesus im Hause des Gelehrten Simon. Tränen des Bedauerns, der Reue und Tränen der Freude fließen. Das heilsame, duftende Öl, das sie verwendet ist Aus-

---

41 Lukas 7, 44

druck der Wertschätzung eines Mannes, der Hilfe den von der Gesellschaft Verachteten und Ausgestoßenen zuteilwerden lässt, gleichzeitig Ausdruck der Hoffnung ihrer eigenen Heilung, ihres Angenommen-werdens und -seins als vollwertiger, wertvoller Mensch in der Gemeinschaft des Gottesvolkes, als vollgültiges Mitglied aller Gotteskinder.

„Der aber, dem wenig vergeben wird, der zeigt auch nur wenig Liebe."[42] Simon, der Rechtsgelehrte, eine rechtschaffene Person ohne große Schuld, ist in privilegierter Position. Jesu scheint ihm zu sagen: Hör mal Simon, Skandal hin oder her, es geht um diese Frau, um die Wertschätzung dieses Menschen, nicht vordergründig um ihr Handeln außerhalb des gesellschaftlichen Rahmens. Auch sie ist ein Kind Gottes, wie du, auch sie gehört zum Gottesvolk. Aber sie hat große Schuld auf sich geladen. Deshalb muss ihr geholfen werden. Und Gott ist wie der Geldverleiher, der Schulden erlässt. Diese Frau ist wie der Schuldner mit großen Schulden, deshalb ist sie mir gütig zugeneigt. Ich sage dir: „Ihr sind viele Vergehen vergeben".[43]

---

42 Lukas 7, 47
43 Lukas 7, 47

Die Geschichte endet mit dem Gnadenerlass persönlicher Schuld und dem Friedenszuspruch für die gesellschaftliche Außenseiterin, von dem Gelehrten aus Nazareth, der von sich gesagt hat, dass Gott ihn nicht in die Welt gesandt hat, dass er die Welt richte, sondern dass die Welt durch ihn gerettet werde.[44]

Für die Prostituierte eröffnete sich ein Weg des Angenommen-Seins und der Freiheit der Kinder Gottes.

Die überlieferte Geschichte:

Jesu Salbung durch eine Sünderin
36 Es bat ihn aber einer der Pharisäer, mit ihm zu essen. Und er ging hinein in das Haus des Pharisäers und setzte sich zu Tisch.
37 Und siehe, eine Frau war in der Stadt, die war eine Sünderin. Als die vernahm, dass er zu Tisch saß im Haus des Pharisäers, brachte sie ein Alabastergefäß mit Salböl
38 und trat von hinten zu seinen Füßen, weinte und fing an, seine Füße mit Tränen zu netzen und mit den Haaren ihres Hauptes zu trocknen, und küsste seine Füße und salbte sie mit dem Salböl.
39 Da aber das der Pharisäer sah, der ihn eingeladen hatte, sprach er bei sich selbst und sagte: Wenn dieser ein Prophet wäre, so wüsste er, wer und was für

---

44   Lukas 7, 17

eine Frau das ist, die ihn anrührt; denn sie ist eine Sünderin.

40 Jesus antwortete und sprach zu ihm: Simon, ich habe dir etwas zu sagen. Er aber sprach: Meister, sag es!

41 Ein Gläubiger hatte zwei Schuldner. Einer war fünfhundert Silbergroschen schuldig, der andere fünfzig.

42 Da sie aber nicht bezahlen konnten, schenkte er's beiden. Wer von ihnen wird ihn mehr lieben?

43 Simon antwortete und sprach: Ich denke, der, dem er mehr geschenkt hat. Er aber sprach zu ihm: Du hast recht geurteilt.

44 Und er wandte sich zu der Frau und sprach zu Simon: Siehst du diese Frau? Ich bin in dein Haus gekommen; du hast mir kein Wasser für meine Füße gegeben; diese aber hat meine Füße mit Tränen genetzt und mit ihren Haaren getrocknet.

45 Du hast mir keinen Kuss gegeben; diese aber hat, seit ich hereingekommen bin, nicht abgelassen, meine Füße zu küssen.

46 Du hast mein Haupt nicht mit Öl gesalbt; sie aber hat meine Füße mit Salböl gesalbt.

47 Deshalb sage ich dir: Ihre vielen Sünden sind vergeben, denn sie hat viel geliebt; wem aber wenig vergeben wird, der liebt wenig.

48 Und er sprach zu ihr: Dir sind deine Sünden vergeben.

49 Da fingen die an, die mit zu Tisch saßen, und sprachen bei sich selbst: Wer ist dieser, der auch Sünden vergibt?

50 Er aber sprach zu der Frau: Dein Glaube hat dir geholfen; geh hin in Frieden!

Lukas 7, 36-50 www.die-bibel.de

Ein wissbegieriger Gelehrter

Langsam, aber stetig gleitet die Sonne tiefer hinab zu der Grenze, an der sich Himmel und Erde zu begegnen scheinen. Der rötlich-gelbe Feuerball am weiten Horizont schickt die letzten Sonnenstrahlen hinüber zu den Beobachtern, die am Rande der Stadt, den Sonnenuntergang verfolgen. – Abendstimmung – Der feurige Ball, der den ganzen Tag für Hitze und flimmernde Luft sorgte, - Mensch und Tier veranlasste, schattige Plätze aufzusuchen - verschwindet mehr und mehr hinter dem endlosen Horizont. Eine sichelförmige Kuppel ist nur noch von ihm sichtbar. Aber nicht lange dauert es, bis der Rest des Sonnenlichtes hinter dem Horizont verschwindet. - Es dämmert. Die Hitze des Tages weicht einem lauen Abend. Ein rot-gelb-schimmernder Streifen beleuchtet den Horizont und die Himmelsbläue verfärbt sich in ein helles Grau. Es wird dunkler. Hier und da erscheinen helle Punkte am Himmel. Es scheint, als ob jemand das eine oder andere Licht am Firmament anzuknipsen begänne. Ein leichter, angenehmer Luftzug weht durch die schmalen Gassen der Stadt. Eine Tür knarrt. Ein kleines Tier huscht quer über die Straße. Eine gebeugte Frau quält sich über die Pflastersteine der Gasse, bleibt am vorletzten Haus stehen und verschwindet hinein. Vom Marktplatz erschallt Gelächter; aus der Ferne ist Pferdegetrappel zu hören. Die Hitzeglocke, die über der Stadt schwebte, hat sich aufgelöst. Es ist angenehm geworden. Die Fenster und Türen der Häuser öffnen sich. Hier und da kommen Männer, Frauen und Kinder aus den Häusern. Die lähmende Ruhe des Tages wird abgelöst durch eine lebhafte Nacht. Der schwarzverfärbte Himmel ist

erleuchtet durch hellglänzende Sterne und einen gelbscheinenden, vollrunden Mond, der den Ort in ein Dämmerlicht einhüllt. Aus der Nebengasse kommt ein gutgekleideter Herr, der eilig den Marktplatz überquert und sich schnellen Schrittes dem Ortsausgang zubewegt. Am vorletzten Haus des Ortes hält er inne, geht auf die Tür zu und klopft. Kurze Zeit später öffnet sich die Tür und der vornehme Mann verschwindet hinter dem sich schließenden Portal.

Es sind nicht wenige Bewohner des Ortes, die zur späten Stunde durch die Stadt eilen, um Bekannte oder Verwandte zu treffen. Dieser Mann trifft keine Verwandten oder Bekannten: er ist ein Gelehrter und trifft sich häufig mit Gelehrten zu tiefsinnigen, wissenschaftlichen Gesprächen. Er ist ein besonderer, einflussreicher Mann, der dem Establishment angehört, einer etablierten Elite, mit politischem, wirtschaftlichem und gesellschaftlichem Einfluss. Dieser Mann ist bekannt und angesehen im Lande. Dieser, im Lande angesehene und bekannte Mann, geht in dieser Nacht zu einem vom Volk sehr geschätzten, Gelehrtenkollegen, dessen Ansichten aber nicht von allen Experten geteilt werden. Er will sich mit ihm austauschen, vielleicht die Beweggründe seiner Ansichten erfahren. Und er bekommt Erstaunliches zu hören:

Der biblische Text Johannes 3,1-21:

Jesus und Nikodemus
1 Es war aber ein Mensch unter den Pharisäern mit Namen Nikodemus, ein Oberster der Juden.
2 Der kam zu Jesus bei Nacht und sprach zu ihm: Rabbi, wir wissen, dass du ein Lehrer bist, von Gott gekommen; denn niemand kann die Zeichen tun, die du tust, es sei denn Gott mit ihm.
3 Jesus antwortete und sprach zu ihm: Wahrlich, wahrlich, ich sage dir: Wenn jemand nicht von Neuem geboren wird, so kann er das Reich Gottes nicht sehen.
4 Nikodemus spricht zu ihm: Wie kann ein Mensch geboren werden, wenn er alt ist? Kann er denn wieder in seiner Mutter Leib gehen und geboren werden?
5 Jesus antwortete: Wahrlich, wahrlich, ich sage dir: Wenn jemand nicht geboren wird aus Wasser und Geist, so kann er nicht in das Reich Gottes kommen.

6 Was aus dem Fleisch geboren ist, das ist Fleisch; und was aus dem Geist geboren ist, das ist Geist.

7 Wundere dich nicht, dass ich dir gesagt habe: Ihr müsst von Neuem geboren werden.

8 Der Wind bläst, wo er will, und du hörst sein Sausen wohl; aber du weißt nicht, woher er kommt und wohin er fährt. So ist ein jeder, der aus dem Geist geboren ist.

9 Nikodemus antwortete und sprach zu ihm: Wie mag das zugehen?

10 Jesus antwortete und sprach zu ihm: Du bist Israels Lehrer und weißt das nicht?

11 Wahrlich, wahrlich, ich sage dir: Wir reden, was wir wissen, und bezeugen, was wir gesehen haben, und ihr nehmt unser Zeugnis nicht an.

12 Glaubt ihr nicht, wenn ich euch von irdischen Dingen sage, wie werdet ihr glauben, wenn ich euch von himmlischen Dingen sage?

13 Und niemand ist gen Himmel aufgefahren außer dem, der vom Himmel herabgekommen ist, nämlich der Menschensohn.

14 Und wie Mose in der Wüste die Schlange erhöht hat, so muss der Menschensohn erhöht werden,

15 auf dass alle, die an ihn glauben, das ewige Leben haben.

16 Denn also hat Gott die Welt geliebt, dass er seinen eingeborenen Sohn gab, auf dass alle, die an ihn glauben, nicht verloren werden, sondern das ewige Leben haben.

17 Denn Gott hat seinen Sohn nicht in die Welt gesandt, dass er die Welt richte, sondern dass die Welt durch ihn gerettet werde.

18 Wer an ihn glaubt, der wird nicht gerichtet; wer aber nicht glaubt, der ist schon gerichtet, denn er hat nicht geglaubt an den Namen des eingeborenen Sohnes Gottes.

19 Das ist aber das Gericht, dass das Licht in die Welt gekommen ist, und die Menschen liebten die Finsternis mehr als das Licht, denn ihre Werke waren böse.

20 Wer Böses tut, der hasst das Licht und kommt nicht zu dem Licht, damit seine Werke nicht aufgedeckt werden.

21 Wer aber die Wahrheit tut, der kommt zu dem Licht, damit offenbar wird, dass seine Werke in Gott getan sind.

Johannes 3,1-21 www.die-bibel.de

Nikodemus[45], ein etablierter, hoch angesehener, jüdischer Gelehrter geht eines Nachts zu Jesus, dem geschätzten, aber nicht unumstrittenen Lehrer aus Nazareth, um mit ihm zu plaudern. Er geht zu Jesus. Wo befindet sich Jesus? In einer Herberge, bei einem Gastgeber, in der Synagoge - dem Gotteshaus - oder an einem ruhigen Platz in freier Natur? In der Stadt, vielleicht in Jerusalem, in einem Haus am Standrand?

---

45 Nikodemus (griechisch: *Nikodemos*) bedeutet sinngemäß: „Sieger in der Volksversammlung" bzw. „Sieger aus dem Volk". Er gehört zur jüdischen Gruppe der Pharisäer und wird darüber hinaus als ein „Führer der Juden" bezeichnet. https://de.wikipedia.org

An welchem Ort die Begegnung stattfindet, verrät uns der Originaltext nicht.

Nikodemus macht sich nachts auf dem Weg zu Jesus, bei angenehmer Temperatur, frischen Geistes, unbeschwert von der drückend lähmenden Hitze des orientalischen Tages. Nachts, vielleicht um nicht gesehen zu werden? Er ist immerhin einer der obersten Gesetzesgelehrten im damaligen Staatswesen.

Nikodemus gilt als Sympathisant Jesu. Aus Angst um seine soziale Stellung im Judentum, wagt er dies nicht öffentlich zu zeigen und agiert daher im Schutz der Dunkelheit. Diese Ansicht „wird unterschiedlich bewertet, insofern die Nacht bei den Rabbinen als besondere Zeit der Auseinandersetzung mit der Thora gilt und daher auch den geeigneten Rahmen für das spirituelle Gespräch mit Jesus liefert."[46]

Was ist der Beweggrund seiner Visite?

Nikodemus, der jüdische Gelehrte, will etwas über Jesus, seine Handlungsweisen und seinen Auftrag erfahren und das von ihm selbst, also aus erster Hand. Der Wissenschaftler will unverfälschte und ungefilterte Nachrichten, direkt von

---

46 https://de.wikipedia.org

der Quelle, authentische Berichterstattung, keine ‚fake News'.

Da stehen sich nun die beiden recht verschiedenen Gesetzeslehrer gegenüber: ein Gesetzeshüter (strikte Einhaltung des Gesetzes) und ein Gesetzeserneuerer (Gesetzeserfüllung durch das Liebesgebot: liebe deinen Nächsten wie dich selbst).

Wie mögen sie sich begegnet sein? Herzlich, reserviert, geschäftlich? Der Originaltext schweigt dazu: Keine Begrüßung, keine Anhaltspunkte über Begleiter oder anwesende Personen im Lebensbereich des Rabbis, des Meisters des Wortes.

Die Geschichte beginnt direkt mit einem Dialog zwischen Gelehrtem und Rabbi. Der erste Gedankenaustausch mit Anrede und Antwort erscheint nicht stimmig. Nikodemus bestätigt Jesus, dass er im Auftrag Gottes handelt, weil die Zeichen, die er tue, darauf hinweisen.

Wie ist diese Aussage zu bewerten? Ist sie eine ehrliche, persönliche Feststellung oder eine rhetorische Anrede?

Nikodemus jedenfalls ist zu Jesus gekommen, um von ihm selbst zu erfahren, in welchem Auftrag und aus welcher Inspiration und Motivation und in welcher Vollmacht er handelt. Aber Jesus bestätigt die Aussage seines Gegenübers nicht. Die erhoffte Bestätigung: *Ja, es ist so, wie du es gesagt hast*, wird dem nach Erkenntnis suchenden Gelehrten versagt.

Die Antwort des Rabbi nimmt vordergründig in keiner Weise Bezug zu der Aussage des Gelehrten. Auf Nikodemus Aussage folgt eine Ansprache zum Verständnis des Gottesreiches. Das Bild der menschlichen Geburt spielt dabei eine Schlüsselrolle. „Um das Reich Gottes verstehen zu können, muss der Mensch erneut geboren werden", so die Entgegnung des Rabbi aus Nazareth. Wie ist das zu verstehen? Diese Frage stellte der wissende Gelehrte aus Jerusalem nach der geheimnisvollen Rede.

Wie ist das zu verstehen? Kann die Ansprache Jesu, Antwort auf die dringende Frage des obersten Gesetzesgelehrten sein?
Im tieferen Sinne gibt sie Antwort auf das Kernproblem eines Gesetzesgelehrten, der sich der strikten Einhaltung des Gesetzes verpflichtet fühlt, unabhängig der akuten Belange des Menschen (Sabbatgebot versus akuter Notlage eines Menschen): ihr seht zwar die Zeichen, aber der Botschaft könnt ihr nicht glauben.

Es ist die Botschaft des sich dem Menschen zuwendenden Gottes.

Jesus spricht von einer erneuten Geburt, um das Reich Gottes verstehen zu können. Will Jesus dem Nikodemus damit sagen, dass er als Gelehrter zwar viel vom Reich Gottes weiß, aber ihn, Jesus, der das Reich Gottes verkündet, im Grunde nicht verstanden hat. So ist die Hervorhebung der Frage aus dem Munde eines Gelehrten im biblischen Text nicht verwunderlich, wie eine solche erneute biologische Geburt als schon Geborener funktionieren solle.

Mit dem doppelten „*wahrlich*" wird die Bedeutung einer Neugeburt hervorgehoben und verdeutlicht: „Es sei denn, dass jemand geboren werde aus Wasser und Geist, so kann er nicht in das Reich Gottes kommen."[47]

Eine erneute Geburt als schon Geborener ist naturwissenschaftlicher Nonsens, wie der Gesprächspartner Jesu richtigerweise einwendet. Darum geht es in der Rede Jesu auch nicht. Der Mensch ist nicht nur Fleisch, Materie, der Mensch ist auch Geist. Mit dem Bild der Geburt macht der Rabbi deutlich: dieser Geist des Menschen muss neu geboren werden, reformiert, erneuert, neu gestaltet werden.

---

47 Johannes 3,5

Der Mensch in seinem Sein kann sich neu fokussieren, neu ausrichten von der Gesetzesgerechtigkeit kommend auf das Evangelium hin: Die wahre Teilhabe am Reich Gottes geschieht durch Erneuerung mittels Wasser und Geist und nicht durch striktes Einhalten von Gesetzen und Normen, wie es die religiösen Gelehrten der damaligen Zeit propagieren. Taufe und Zuspruch des Angenommen-Seins sind Kennzeichen der Erneuerung, der neuen Geburt, wie die Bildsprache des biblischen Textes es ausdrückt.

Der Dialog zwischen Jesus und Nikodemus endet mit einer Frage. Nikodemus antwortet und spricht zu ihm: „Wie kann dies geschehen?"[48]
Und Jesus gibt ihm Antwort: „Bist du Israels Lehrer und weißt das nicht? Wahrlich, wahrlich, ich sage dir: Wir reden, was wir wissen, und bezeugen, was wir gesehen haben, und ihr nehmt unser Zeugnis nicht an. Glaubt ihr nicht, wenn ich euch von irdischen Dingen sage, wie werdet ihr glauben, wenn ich euch von himmlischen Dingen sage?"[49]

In dem nächtlichen Gespräch der jüdischen Gelehrten, erklärt Jesus, dass die Teilhabe am

---

48 Johannes 3,9
49 Johannes 3,10-12

Reich Gottes eine geistige Wiedergeburt voraussetzt. Als Nikodemus die Neugeburt als natürliches Ereignis missversteht, sagt Jesus: natürlich ist natürlich und Geist ist Geist. „Aus dem Geist geboren" zu sein, ist etwas völlig anderes, als eine natürliche Geburt zu erleben. Jesus bekräftigt seine Aussage mit einem bildhaften Gleichnissatz: „Der Wind bläst, wo er will, und du hörst sein Sausen wohl; aber du weißt nicht, woher er kommt und wohin er fährt. So ist ein jeder, der aus dem Geist geboren ist."[50]

Jesus will vermitteln, dass es im Reich Gottes um Menschen geht, die vordergründig nicht nach religiösen Gesetzen zu leben haben, sondern vielmehr in einer spirituellen Beziehung zu Gott stehen sollen. Diese spirituelle Beziehung vollzieht sich nicht nach vorgegebenen Regeln und Vorschriften, sondern – vergleichbar des dynamischen Windes – aus der strömenden Kraft der Agape Gottes. Der Mensch möge im Geist der Freiheit (nicht der Gesetzesunterwerfung) handeln, gemäß des Liebesgebotes und der Goldenen Regel.

Mit dem Auftreten Jesu geschieht etwas grundsätzlich Neues: Die herrschenden (religiösen) Gesetze seiner Zeit, die auf Strafe und Zwang beruhen, sieht Jesus erfüllt in seiner Botschaft

---

50 Johannes 3,8

eines neuen Gesetzes „der Freiheit und des Geistes". Jesus wollte nicht, dass eine Ehebrecherin gesteinigt wird, sondern, dass sie selbst, als mündige Bürgerin, zur Erkenntnis der Wahrheit gelangt: ihr Handeln bereut und ein neues Leben in der Freiheit des Glaubens führt.

Nicht der Strafvollzug ist Voraussetzung der Teilhabe am Reich Gottes, vielmehr die Umkehr zu dem, der neues Leben schafft.

Der Apostel Johannes, der Schüler des Rabbi aus Nazareth, der die Geschichte des wissbegierigen Gelehrten Nikodemus erzählt, bezeugt:
„Denn also hat Gott die Welt geliebt, dass er seinen eingeborenen Sohn gab, damit alle, die an ihn glauben, nicht verloren werden, sondern das ewige Leben haben.
Denn Gott hat seinen Sohn nicht in die Welt gesandt, dass er die Welt richte, sondern dass die Welt durch ihn gerettet werde.
Wer an ihn glaubt, der wird nicht gerichtet; wer aber nicht glaubt, der ist schon gerichtet, denn er glaubt nicht an den Namen des eingeborenen Sohnes Gottes.
Das ist aber das Gericht, dass das Licht in die Welt gekommen ist, und die Menschen liebten die Finsternis mehr als das Licht, denn ihre Werke waren böse.

Wer Böses tut, der hasst das Licht und kommt nicht zu dem Licht, damit seine Werke nicht aufgedeckt werden.

Wer aber die Wahrheit tut, der kommt zu dem Licht, damit offenbar wird, dass seine Werke in Gott getan sind." [51]

Das Johannesevangelium beendet die Nikodemus-Erzählung mit den Gegensätzen „Dunkelheit und Licht" (Tag und Nacht). Der nicht verstehende Nikodemus, der in seinem Unverständnis im Dunkeln lebt, erlebt das Licht der spirituellen (geistigen) Erkenntnis. Nikodemus, ein frommer Jude, geht zu Jesus mit Lehrfragen und existentiellen Fragen und erfährt, dass Jesus, der über Gott und rechtes Handeln redet, wirklich ein von Gott Kommender ist und in ihm das Leben gefunden werden kann.

Die spirituelle Erfahrung lässt Nikodemus vom Sympathisanten zum Nachfolger werden, der sich in einer späteren Situation für Jesus gegenüber jüdischen Autoritäten einsetzt. [52]

---

51 Johannes 3,16-21
52 Johannes 7,50-52

Johannes 7, 40-53

Zwietracht im Volk

40 Etliche nun aus dem Volk, die diese Worte hörten, sprachen: Dieser ist wahrhaftig der Prophet.

41 Andere sprachen: Er ist der Christus. Wieder andere sprachen: Soll der Christus etwa aus Galiläa kommen?

42 Sagt nicht die Schrift: Aus dem Geschlecht Davids und aus dem Ort Bethlehem, wo David war, kommt der Christus?

43 So entstand seinetwegen Zwietracht im Volk.

44 Einige von ihnen wollten ihn ergreifen; aber niemand legte Hand an ihn.

45 Da kamen die Knechte zu den Hohenpriestern und Pharisäern; und die fragten sie: Warum habt ihr ihn nicht gebracht?

46 Die Knechte antworteten: Noch nie hat ein Mensch so gesprochen.

47 Da antworteten ihnen die Pharisäer: Seid ihr auch verführt worden?

48 Glaubt denn einer von den Oberen oder von den Pharisäern an ihn?

49 Nur das Volk tut's, das nichts vom Gesetz weiß; verflucht ist es.

50 Spricht zu ihnen Nikodemus, der vormals zu ihm gekommen war und der einer von ihnen war:

51 Richtet denn unser Gesetz einen Menschen, ehe man ihn angehört und erkannt hat, was er tut?

52 Sie antworteten und sprachen zu ihm: Bist du auch aus Galiläa? Forsche und sieh: Aus Galiläa steht kein Prophet auf.

53 Und sie gingen fort, ein jeder in sein Haus.

Die Goldene Regel

Jesus beginnt sein öffentliches Wirken mit einer eindrucksvollen Rede, die er von einer Anhöhe aus, hielt. „Als Jesus die vielen Menschen sah, stieg er auf einen Berg. Er setzte sich, und seine Jünger traten zu ihm. Dann begann er zu reden und lehrte sie."[53] „Die Predigt richtet sich an das aus allen Teilen Israels zusammengeströmte Volk. Ihm legt Jesus den in der Thora offenbarten Willen Gottes neu und mit endgültiger Verbindlichkeit aus."[54]

Die Rede ist als Bergpredigt im Matthäusevangelium 5-7 dokumentiert. Inmitten der Predigt befinden sich Ausführungen über Jesu Stellung zum Gesetz: *Ihr sollt nicht meinen, dass ich gekommen bin, das Gesetz oder die Propheten aufzulösen; ich bin nicht gekommen aufzulösen, sondern zu erfüllen*[55] sowie die Goldene Regel: *Alles, was ihr also von anderen erwartet, das tut auch ihnen! Darin besteht das Gesetz und die Propheten.*[56]

---

53 Matthäus 5,1-2
54 https://de.wikipedia.org/Bergpredigt
55 Matthäus 5,17
56 Matthäus 7,12

Die Bergpredigt beginnt mit einer Reihe von neun Seligpreisungen in Mt 5,3-12. Der Form nach stehen sie in der Tradition der Weisheitsliteratur („Wohl dem, der …"). Jesus verknüpft sie mit Armut, Trauer, Demut, Sanftmut, Gerechtigkeitssuche, Barmherzigkeit, reinem Herzen, Friedensstiftung und Leidensbereitschaft wegen Verfolgung.

Es folgen die Gleichnisworte vom „Salz der Erde" und vom „Licht der Welt" 5,13-16, daran schließen sich Ausführungen über Jesu Verhältnis zu „Gesetz und Propheten" an (5,17-20): nicht Aufhebung, sondern Erfüllung des Gesetzes.

Dies wird im folgenden Hauptteil an verschiedenen Themen gezeigt: Töten und Versöhnung 5,21-26, Ehebruch und Ehescheidung 5,27-32, Eid und Wahrhaftigkeit 5,33-37, Vergeltung und Feindesliebe 5,38-48. Jedes Mal stellt Jesus einem (frei zitierten) Gebot der Thora ein „Ich aber sage euch" gegenüber. Da Jesus aber als Rabbi die Gebote erklärt, hatte er als Gelehrter das Recht dazu, seine Auslegung zu Thora-Zitaten zu bringen. Mit seiner Auslegung befindet er sich fest auf jüdischem Glaubensboden, was daran zu sehen ist, dass seine Auslegungen mit Aussagen im Talmud übereinstimmen.

Das sechste Kapitel enthält *Warnungen vor Veräußerlichung und Heuchelei* („dein Vater, der das Verborgene sieht"; 6,1-8;14-18), und im Zentrum der gesamten Komposition eingefügt das Vater unser als „kindliches" Gebet der neuen Gerechtigkeit (6,913). Daran schließen sich Mahn- und Gleichnisworte gegen den Reichtum, die „Sorge" und mangelndes Vertrauen in die Gottesherrschaft an.

Das siebte Kapitel beginnt mit dem *Verbot des Richtens* (7,1—5). Es folgt ein Einzelwort über die *Entweihung des Heiligen* (7,6), aus dem das geflügelte Wort „Perlen vor die Säue werfen" stammt. Ein weiteres Gleichniswort vom Gebetsvertrauen (7,7-11) sowie die „Goldene Regel": *Alles, was ihr also von anderen erwartet, das tut auch ihnen! Darin besteht das Gesetz und die Propheten.* (7,12)

Den Abschluss der Bergpredigt bilden das Mahnwort vom „engen Tor" (7,13 f.), die Warnung vor heuchlerischen Glaubenslehrern (7,15-23) und das Gleichnis vom Hausbau auf Felsen oder auf Sand für ein Leben mit den Grundsätzen der Bergpredigt oder gegen sie (7,24-27).

Der Einleitung entspricht ein ebensolcher Schluss: *Als Jesus diese Rede beendet hatte, war die Menge sehr betroffen von seiner Lehre; denn er lehrte sie wie einer, der Vollmacht hat, und nicht wie ihre Schriftgelehrten.* (7,29 f.)[57]

Die Stellung Jesu zum Gesetz
ist revolutionär: er löst das Gesetz (Thora) nicht auf, er interpretiert es im Sinne eines liebenden und gnädigen Gottes, der den Gescheiterten

---

57 https://de.wikipedia.org

nicht verurteilt, sondern vergibt, wenn er von Herzen (aufrichtig) umkehrt.

Ein Leben nach Geboten und moralischen Vorschriften (Gesetzlichkeit) [wie Verbot einer Hilfetätigkeit für einen in Not geratenen Menschen am Sabbat] mit entsprechender Sanktionierung, bei Nichteinhaltung der Gebote durch Gesetzeshüter, findet Jesus nicht im Einklang mit dem Willen Gottes, des Vaters. Er sieht vielmehr in der freiheitlichen Ausrichtung des Einzelnen zu Gott und seinen Mitmenschen, das gesellschaftliche Miteinander der Menschen gelöst.

Der Wille Gottes wird im Doppelgebot der Liebe zusammengefasst, in dem es heißt, dass wir Gott zunächst vor allem anderen lieben dürfen, und unsere Mitmenschen gleichermaßen wie uns selber.[58] Dieses alttestamentarische Gebot greift Jesus zum Schluss seiner berühmten Bergpredigt auf und formuliert es in der uns heute bekannten Goldenen Regel.

In seiner Bergpredigt lehrt Jesus: Das Gesetz wird erfüllt im rechten ethischen Handeln:

„Alles, was ihr also von anderen erwartet, das tut auch ihnen!" Darin besteht das Gesetz und die Propheten[59]

---

58 Levitikus 19,18
59 Matthäus 7,12

Das Gesetz erfüllt sich, wenn der Einzelne seinen Mitmenschen so begegnet, wie er selber behandelt werden möchte.

Der markante, fundamentale Satz der Bergpredigt (Mt.7,12) oder ähnlich formulierte Grundsätze[60] der angewandten Ethik, werden als Goldene Regel (lat.: regula aurea) bezeichnet.

Alles nun, was ihr wollt, dass euch die Leute tun sollen, das tut ihr ihnen auch!

Behandle andere so, wie du von ihnen behandelt werden willst.

Was du nicht willst, dass man dir tu, das füg auch keinem andern zu.

---

60 Behandle andere so, wie du von ihnen behandelt werden willst.
Was du nicht willst, dass man dir tu, das füg auch keinem andern zu.

Für die in der Bibel überlieferten Regelbeispiele (Tob 4,15; Mt 7,12; Lk 6,31),[61] die das Thoragebot der Nächstenliebe (Lev 19,18)[62] als allgemein gültiges und einsehbares Verhalten auslegen, prägten Anglikanische Christen im Jahre 1615 den Ausdruck *golden rule*.[63]

Goldene Regel:
Behandle andere so, wie du von ihnen behandelt werden willst.

Kategorischer Imperativ:
Handle nur nach derjenigen Maxime, durch die du zugleich wollen kannst, dass sie ein allgemeines Gesetz werde. (Kant, 1785)

---

61 Belehrungen für Tobias:
Tob 4,14 Wenn einer für dich gearbeitet hat, dann enthalt ihm seinen Lohn nicht vor bis zum nächsten Tag, sondern zahl ihn sofort aus! Wenn du Gott auf diese Weise dienst, wird man auch dir deinen Lohn auszahlen.
Gib Acht auf dich bei allem, was du tust, mein Sohn, und zeig durch dein Benehmen, dass du gut erzogen bist.
Tob 4,15 Was dir selbst verhasst ist, das mute auch einem anderen nicht zu!
Mt7,12 Alles, was ihr also von anderen erwartet, das tut auch ihnen!
Lk 6,31 Was ihr von anderen erwartet, das tut ebenso auch ihnen.
62 Lev 19,18 An den Kindern deines Volkes sollst du dich nicht rächen und ihnen nichts nachtragen. Du sollst deinen Nächsten lieben wie dich selbst. Ich bin der Herr.
63 https://de.wikipedia.org

In der Philosophie gilt die Goldene Regel als ethisches Prinzip, „welches das sittliche Verhalten der Menschen untereinander auf der Basis gegenseitiger Respektierung begründet. Man unterscheidet die negative Formulierung der Regel in der Alltagssprache (›Was du nicht willst, das man dir tu', das füg' auch keinem andern zu!‹) von der positiv gefassten biblischen Version (u. a. im Neuen Testament Matthäus 7,12: »Alles, was ihr also von anderen erwartet, das tut auch ihnen!«) [...] Die Goldene Regel bestimmt den Maßstab, an welchem moralische Normen (und im konkreten Fall auch einzelne Handlungsweisen) gemessen und herausgebildet werden können [...] Die Beurteilung einer möglichen Handlung danach, ob sie einem als von ihr Betroffenen selbst zusagen würde oder nicht, ist nach dieser Auffassung der erste Schritt in Richtung einer Selbstbestimmung, in welcher die Interessen der anderen zumindest in dem Umfang berücksichtigt werden, wie man sich das für die eigenen Interessen wünschen würde. Darauf sollten dann in einem zweiten Schritt auch zum eigenen Wollen konträre Standpunkte in den Entscheidungsfindungsprozess zu einer Handlung Eingang finden. Kant hat die goldene Regel in seinen drei Formulierungen des kategorischen Imperativs philosophisch rekonstruiert: »Handle nur nach derjenigen Maxime, durch die du zugleich wollen kannst, dass sie ein allgemeines Gesetz werde.« Eine solche Maxime, so die dritte Formulierung, muss Sorge tragen, dass die Würde des Menschen geschützt ist: »Handle so, dass du die Menschheit, sowohl in deiner Person als in der Person eines jeden anderen, jederzeit zugleich als Zweck, niemals bloß als Mittel brauchst.« [...] Der kategorische Imperativ gilt sowohl für die Menschheit insgesamt als auch im Verhalten zu sich selbst."[64]

---

64 www.philosophie-woerterbuch.de, Goldene Regel

Ein Nachfolger-Kandidat
auf dem Prüfstand

Nach dem gemeinsamen, reichhaltigen Frühstück engster Mitarbeiter mit ihrem Vorgesetzten, wird ein Mitarbeiter unvermittelt von seinem Chef angesprochen: kann ich dir vertrauen? Sonst sagt der Boss nichts. Der so Angeredete schaut verdutzt seinen Chef an. Nach einer Weile gelähmten Schweigens wird eine gequälte Antwort vernehmbar: ja, natürlich, du kennst mich doch. Dieselbe Frage wiederholt der Prüfer zweimal: kann ich dir vertrauen? Der Chef-Nachfolger in spe ist sauer und murmelt: natürlich. Gleichzeitig denkt er: so unvermittelt angesprochen zu werden, eine solche quere Frage gestellt zu bekommen und das dreimal hintereinander. Warum hat er nicht nach meinen Kompetenzen gefragt, nach meiner Führungsqualität, nach meinen Zukunftsideen, meinen Visionen für das Werk? Kann ich dir vertrauen? Wieso diese Frage? Was will der von mir?

Und dann kommt die verblüffende Nachricht aus dem Munde des Chefs: du bist mein Nachfolger! Der Mitarbeiter fällt, wie der Volksmund sagt, aus allen Wolken: er soll Chef werden ? !

Diese Geschichte trug sich vor 2000 Jahren zu am Ufer des Sees Genezareth. Die Erzählung von *den Fischern am See* endet mit der Einladung zu einer ungewöhnlichen Mahlzeit durch den und mit dem unbekannten Vertrauten an ihrem Lagerplatz am See. Sie erkennen ihren Gastgeber nicht und wissen doch, wer er ist: ihr Meister und Herr.[65]

Die überlieferte Geschichte berichtet:

Petrus und Johannes
15 Da sie nun das Mahl gehalten hatten, spricht Jesus zu Simon Petrus: Simon, Sohn des Johannes, liebst du mich mehr, als mich diese lieb haben? Er spricht zu ihm: Ja, Herr, du weißt, dass ich dich lieb habe. Spricht Jesus zu ihm: Weide meine Lämmer!
16 Spricht er zum zweiten Mal zu ihm: Simon, Sohn des Johannes, hast du mich lieb? Er spricht zu ihm: Ja, Herr, du weißt, dass ich dich lieb habe. Spricht Jesus zu ihm: Weide meine Schafe!
17 Spricht er zum dritten Mal zu ihm: Simon, Sohn des Johannes, hast du mich lieb? Petrus wurde traurig, weil er zum dritten Mal zu ihm sagte: Hast du mich lieb?, und sprach zu ihm: Herr, du weißt alle Dinge, du weißt, dass ich dich lieb habe. Spricht Jesus zu ihm: Weide meine Schafe!
18 Wahrlich, wahrlich, ich sage dir: Als du jünger warst, gürtetest du dich selbst und gingst, wo du hinwolltest; wenn du aber alt bist, wirst du deine Hände ausstrecken und ein anderer wird dich gürten und führen, wo du nicht hinwillst.

---

65 Johannes 21,12-13

19 Das sagte er aber, um anzuzeigen, mit welchem Tod er Gott preisen würde. Und als er das gesagt hatte, spricht er zu ihm: Folge mir nach!
Johannes 21,15-19 www.die-bibel.de

Nach der ausgiebigen Mahlzeit spricht Jesus Simon Petrus persönlich an mit der Frage: hast du mich lieb? Diese Frage richtet Jesus dreimal an Petrus. Dieser antwortet dreimal: du weißt, dass ich dich lieb habe. Und dreimal beauftragt Jesus den Petrus sein Werk fortzusetzen, seine Gefolgschaft, die nun ohne Lehrmeister ist, zu betreuen.

Die dreifache Anfrage Jesu an Petrus trifft diesen im Innersten seines Seins. Petrus ist tief getroffen, denn er erinnert sich an den Hahnenschrei, als er in Jerusalem auf dem Gerichtsvorplatz verweilte und den Ordnungskräften erklärte, er wäre kein Anhänger des Verhafteten und kenne ihn nicht. Er entsinnt sich der Worte Jesu: ehe der Hahn kräht wirst du mich dreimal verleugnen.

Hier am See fragt Jesus den Petrus dreimal *hast du mich lieb*? In dieser Anfrage steckt eine Vertrauensfrage: wie nah stehst du zu mir? Kann ich dir vertrauen? Denn nur, wenn ich dir vertrauen kann, scheint Jesus Petrus zu

vermitteln, kann ich dir Menschen, meine Gefolgschaft, meine Kirche, anvertrauen.

Es sind keine Kompetenzfragen, die Jesus an
den Nachfolger-Kandidaten Petrus richtet, es
sind Vertrauensfragen, die die Beziehung zu
ihm, dem Christus, beleuchten.

Die ersten zwei Fragen: "Simon Jona, *hast du
mich lieb*?"[66] [Σίμων Ἰωάννου, ἀγαπᾷς με] be-
treffen die Nächstenliebe, die ihren Ursprung in
der Gottesliebe hat. „Gleichwie der Vater mich
geliebt hat, habe ich euch geliebt; bleibet in
meiner Liebe (ἀγάπη – agape).[67] "ἀγάπη –
agape" ist das Bindemittel und das Merkmal
der Jüngerschaft. Daran werden alle erkennen,
dass ihr meine Jünger seid, wenn ihr Liebe
(ἀγάπη – agape) untereinander habt.[68] In dieser Aussage Jesu geht es um eine Beziehung,
die der Liebe Gottes entspringt, der Nächstenliebe. Die dritte Frage: „Simon Jona, hast du
mich lieb?"[69] [Σίμων Ἰωάννου, φιλεῖς με] drückt
eine innige Freundschaft aus. Es geht um eine
persönlich-menschliche Beziehung.

---

66 Johannes 21,15-16
67 Johannes 15,9
68 Johannes 13,35
69 Johannes 21,17

Als Petrus zum dritten Mal gefragt wird, jetzt aber nach seiner ‚*philia*' zu Jesus, wird er traurig, wohl in Erinnerung an sein großes Versagen (Verleugnung seines Meisters) im Vorhof des Gerichtsgebäudes.

Simon Petrus antwortet dreimal: Herr, du weißt, dass ich dich liebhabe (φιλέω - phileo), im Sinne einer engen freundschaftlichen Beziehung. Bei der dritten Frage ergänzt er „Herr, du weißt alle Dinge".[70] Mit diese Formulierung lässt Petrus tief in sein Inneres blicken: *da der Herr alle Dinge weiß, weiß er auch, dass ich mein Versagen zutiefst bereut habe und ihm innig, freundschaftlich, verbunden bin.* Petrus offenbart hier sein wahres persönliches Verhältnis zu seinem Lehrmeister.

Jesus kennt seinen Schüler und beauftragt ihn dreimal zu einem Dienst am Menschen.

Von seinem Nachfolger erwartet Jesus ein persönliches Vertrauensverhältnis, das begründet ist auf einer Liebe zu den Menschen (ἀγάπη – agape) und das auf einer persönlich-menschlichen, freundschaftlichen Beziehung (φιλια – philia) zu ihm basiert.

Nach jedem der drei Dialoge wird Petrus von seinem Lehrmeister zum Hirtendienst (Verkündigung und Diakonie) berufen. Petrus wird Nachfolger des Rabbi von Nazareth, Bischof der sich bildenden Kirche.

---

70 Johannes 21,17

Ein Nachwort

Das Buch *Der Fremde am Ufer* versucht, durch *Gedanken zu den überlieferten Erzählungen*, die überlieferten Geschichten verstehbarer werden zu lassen sowie zur Reflektion und Meditation anzuregen.

Der Fremde am Ufer war den Fischern am See ganz nah und vertraut. In ihrer Perspektivlosigkeit gab der fremde Vertraute ihnen neuen Lebenssinn. Er lenkte ihren Blick auf die, die seiner Hilfe bedurften. An seiner Stelle sollten sie nun das Werk der Barmherzigkeit fortsetzen.

Der Fremde am Ufer war Simon Petrus persönlich ganz nah und vertraut. Der Lehrmeister ruft diesen besonderen Schüler, aus seiner Situation der Verlassenheit und Sinnlosigkeit, in Verantwortung.

Als Nachfolger und Bischof ist es Petrus ein Anliegen, den für viele Menschen *Fremden am Ufer* bekannt, erfahrbar und vertraut werden zu lassen und mit ihm heute die weltweite Kirche.

Der Autor

Johannes Reunecker, M.A. (Studium der Biologe, Theologie und Medizinethik)

Anhang

I Geheimnis des Glaubens

Dem lateinischen ,mysterium fidei' liegt griechisch ,μυςτήριον τῆς πίστεως' ,mystērion tēs
písteōs' zugrunde (1 Tim 3,9 Geheimnis des
Glaubens).

Martin Luther wählte als Übersetzung des biblischen Begriffs ,μυστήριον'/'mysterium' das deutsche Wort „Geheimnis". (Elke Kruitschnitt/Guido
Vergauwen: Geheimnis. In: Walter Kasper (Hrsg.): Lexikon
für Theologie und Kirche (LThK). 3.Auflage.)
Geheimnis meint hier nicht, Verschleiertes oder
nicht Verstehbares, sondern will verstanden werden als eine Vergegenwärtigung Gottes in die
Wirklichkeit des Menschen. τῆς εὐσεβείας
μυςτήριον tēs eusebeías mystērio, Und groß ist,
wie jedermann bekennen muss, das Geheimnis
des Glaubens: Er ist offenbart im Fleisch, ge-
rechtfertigt im Geist, erschienen den Engeln,
gepredigt den Heiden, geglaubt in der Welt, auf-
genommen in die Herrlichkeit. (1.Tim 3,16 www.die-
bibel.de)

„Im Zentrum der Eucharistiefeier steht ein län-
geres Gebet [Hochgebet], in das die Einset-
zungsworte eingefügt sind. Diese Worte haben
ihre Bezeichnung davon, dass Jesus mit ihnen
das Mahl "eingesetzt" hat, das zu seinem Ge-

dächtnis gefeiert wird. Mit den Einsetzungsworten bezeichnet Jesu das Brot als seinen Leib und den Wein als sein Blut. Damit hat er den Auftrag verbunden, das Mahl zu seinem Gedächtnis zu feiern." (www.kath.de/lexikon)

Den Einsetzungsworten folgt das mysterium fidei - Geheimnis des Glaubens - und die *Akklamation der Gemeinde:* Deinen Tod, o Herr, verkünden wir, und deine Auferstehung preisen wir, bis du kommst in Herrlichkeit.

Einsetzungsworte

Denn am Abend, an dem er ausgeliefert wurde
und sich aus freiem Willen
dem Leiden unterwarf,
nahm er das Brot und sagte Dank, brach es,
reichte es seinen Jüngern und sprach:
NEHMET UND ESSET ALLE DAVON:
DAS IST MEIN LEIB,
DER FÜR EUCH HINGEGEBEN WIRD.

Ebenso nahm er nach dem Mahl den Kelch,
dankte wiederum, reichte ihn seinen Jüngern und sprach:
NEHMET UND TRINKET ALLE DARAUS:
DAS IST DER KELCH DES NEUEN UND EWIGEN BUNDES,
MEIN BLUT, DAS FÜR EUCH UND FÜR ALLE VERGOSSEN WIRD ZUR VERGEBUNG DER SÜNDEN.
TUT DIES ZU MEINEM GEDÄCHTNIS.

Geheimnis des Glaubens.
Akklamation der Gemeinde:
Deinen Tod, o Herr, verkünden wir,
und deine Auferstehung preisen wir,
bis du kommst in Herrlichkeit.
www.kath.de/lexikon/liturgie/hochgebet.

II Barmherzigkeit

Barmherzigkeit (lateinisch *misericordia*) ist keine natürliche Eigenschaft des Menschen, sondern eine Eigenschaft Gottes, die der Mensch als himmlische Gabe durch die ihm innewohnende Gottesliebe besitzt und die ihm immer wieder neu durch Gott zuteilwird. Eine barmherzige Person öffnet ihr Herz fremder Not und nimmt sich ihrer mildtätig an.

Schon im Altes Testament wird Barmherzigkeit als eine der herausragenden Eigenschaften Gottes genannt. In der zentralen Offenbarung am Sinai gibt sich JHWH [Eigenname Gottes] zu erkennen: „der HERR ist ein barmherziger und gnädiger Gott, langmütig, reich an Huld und Treue" (2. Buch Mose 34,6). Während *gnädig* darauf verweist, dass Gott sich seinem Volk zuwendet, drückt *barmherzig* aus, dass Gott die Sünde zwar sieht, aber verzeiht und dem Bund mit seinem Volk treu bleibt.

In Psalm 103,8 wird Gott als der „Barmherzige und Gnädige" in Dankbarkeit und Demut gelobt und gepriesen.

Jesus beschreibt Gott u.a. im Gleichnis vom verlorenen Sohn (Lk 15,11–32) als unendlich großzügigen und jederzeit vergebungsbereiten Vater.

Er bringt damit zur Kenntnis, was Barmherzigkeit bedeuten kann: Eine irdisch unverdiente, aber himmlisch großzügige Zuwendung in bedingungsloser Liebe. In vielen Gleichnissen wird Barmherzigkeit verdeutlicht, so im Gleichnis vom barmherzigen Samariter (Lk 10,25–37 – der wegen seiner gesellschaftlichen Herkunft vielerorts nicht gerade als „Rechtgläubiger" galt, aber manche Hörer des Gleichnisses beschämt und so ihre Umkehr zur Hilfe für die Armen, Schwachen und Hilflosen eindrucksvoll einmahnt), und in den Krankenheilungen (Mk 1,16–20; Lk 8,1–3; Mk 7,31–37). Auch in der Bergpredigt ist von der Barmherzigkeit die Rede: „Selig sind die Barmherzigen, denn sie werden Barmherzigkeit erlangen." (Matthäus 5,7)

Der Apostel Paulus betont immer wieder die Abhängigkeit des sündigen Menschen von der Vergebung Gottes. Aus Barmherzigkeit rettet Gott die Menschen aus der Verstrickung in ihre Schuld (Eph 2,4–5), entweder weil sie ehrliche Reue gezeigt und Buße geleistet oder weil sie zur Umkehr gekommen sind und Gutes getan haben.

Die von Gott her erfahrene Barmherzigkeit wird dann auch zur Handlungs-Motivation des glaubenden Menschen. In diesem Sinne steht „Barmherzigkeit" in engem Zusammenhang mit

Nächstenliebe, Menschenliebe oder Humanität (lateinisch *caritas*). Barmherzigkeit führt zur Diakonie (griechisch διακονία *diakonía* ‚Dienst'), Dienst am Menschen.

https://de.wikipedia.org